Regelin / Mommert-Jauch

Nordic Walking
statt Diät

Petra Regelin
Petra Mommert-Jauch

Nordic Walking statt Diät

Der sichere Weg zum Wunschgewicht

blv

Vorwort 6

Was beeinflusst unser Gewicht? 8

Was Sie wissen sollten: So kriegen Sie
Ihr Fett weg! 10
   Warum wird man dick? 11
   So funktioniert der Energiestoffwechsel 13
Diät – ja oder nein? 14
   Worauf Sie achten sollten: die Fett- und
   Kohlenhydratfalle 15
   Die 10 wichtigsten Kernaussagen zur
   Gewichtsreduzierung 17
Die richtige Einstellung 18
   Abnehmen beginnt im Kopf 18
   Das große Ziel vor Augen 19
   Ihre Etappenziele 19
   Ihre Tagesziele 20
   Belohnungen sind wichtig! 20
   Negative Gedanken sind Energiekiller 21
   Schlank, fit und gesund durch Bewegung 22

Abnehmen mit Nordic Walking 30

Das Equipment – Was Sie benötigen 32
   Stöcke 32
   Schuhe 33
   Kleidung 33

Die Technik – Worauf Sie achten sollten	34
Die richtige Technik für Mollige	34
Step by Step jetzt in die Praxis	40

Das 6-Monats-Programm 42

Wie Sie sich vorbereiten sollten	44
Der Walk-Test	44
Wie viel Energie verbrauchen Sie pro Tag?	46
Wie viel Energie nehmen Sie zu sich?	48
Wie Sie Ihr Ziel erreichen: der optimale Trainingsablauf	49
Ihr Aufwärmprogramm	50
Ihr Abwärmprogramm	52
So verlieren Sie Ihre Pfunde: das 6-Monats-Programm	54
Der erste Monat	54
Der zweite Monat	61
Der dritte Monat	66
Der vierte Monat	71
Der fünfte Monat	78
Der sechste Monat	84
Register	94
Literatur	95

Vorwort

Sie möchten gern schlanker und fitter werden? Um Ihr Ziel zu erreichen, wollen Sie sich mehr bewegen als bisher und zusätzlich Ihre Ernährung umstellen. Sie haben sich für die Sportart Nordic Walking entschieden? Das ist eine gute Entscheidung. Nordic Walking ist ein sanfter Wohlfühlsport, der optimal die Ausdauer und gleichzeitig die Kraft Ihrer Muskeln trainiert. Sie verbrennen beim Nordic Walking jede Menge Kalorien, fast so viele wie beim Joggen. Dennoch werden Ihre Fuß-, Knie- und Hüftgelenke geschont und die Bandscheiben optimal ernährt. Sie kräftigen nicht nur Beine und Po – wie beim normalen Walking –, sondern zusätzlich den Oberkörper. Arm-, Schulter- und Rückenmuskeln sind aktiv – und das bringt jede Menge Zusatzeffekte für Ihre Gesundheit. Der aktive Stockeinsatz fördert die Aufrichtung des gesamten Körpers. Das wirkt sich sofort auf die Haltung, aber auch auf die Psyche aus: Sie fühlen sich »aufgerichtet«, voller Schwung und Energie. Nordic Walking hilft Ihnen dabei, die Fettverbrennung anzukurbeln. Sie werden Ihre Pfunde schneller los. Wenn Sie regelmäßig trainieren, werden Sie auch in Ruhe mehr Fett umsetzen als Untrainierte.

Der neue Schwung und die Energie, die Sie beim Nordic Walking spüren, wird sich auf Dauer auch auf Ihren Alltag übertragen, vor allem, wenn Sie vorher keinen Sport gemacht haben. Und diese Kraft wird Ihnen auch dabei helfen, Ihr Gewicht zu reduzieren. Bei diesem Prozess werden wir Sie sechs Monate lang unterstützen und begleiten. Wir wollen Ihnen zeigen, wie Sie es tatsächlich schaffen können, Pfunde zu verlieren. Spezielle Nordic-Walking-Trainingspläne helfen Ihnen dabei. Zusätzlich zeigen wir Ihnen die besten Muskelübungen für eine straffe Figur. Denn: Wissenschaftliche Untersuchungen zeigen eindeutig, dass die Kombination von Ausdauersport und Muskeltraining gemeinsam mit einer Ernährungsumstellung die beste und effektivste Möglichkeit ist, schlanker zu werden. Das zusätzliche Muskeltraining festigt nicht nur Ihre Konturen und strafft den Körper, es wirkt sich zusätzlich positiv auf Ihre Gesundheit und Ihr Wohlbefinden aus.

Wir geben Ihnen Tipps und Hilfen zur Umsetzung Ihres neuen Bewegungsprogrammes und wir geben Ihnen die notwendigen Informationen für eine Ernährungsumstellung. Wir wollen, dass Sie Ihr Ziel erreichen.

Doch – wir versprechen keine Wunder und machen auch keine unrealistischen Aussagen. Sie werden nicht innerhalb von drei Wochen fünf Kilogramm abnehmen. Wir verschweigen nicht, dass es ein langfristi-

Vorwort

ger Prozess sein wird, dauerhaft das Gewicht zu reduzieren. Es wird viele Erfolgserlebnisse geben, dazwischen aber auch immer wieder Rückschläge und »Durststrecken«, in denen sich auf der Waage eine Zeitlang überhaupt nichts tut. Sie brauchen Disziplin, Durchhaltevermögen und Kraft. Aber – es wird sich lohnen. Wenn Sie das 6-Monats-Programm durchhalten, werden Sie fitter sein und einige Kilogramm weniger wiegen. Dieses Programm kann Ihr ganz persönlicher Einstieg sein in ein leichteres, fitteres und gesünderes Leben. Wir wünschen Ihnen dabei viel Erfolg!

Petra Regelin und Dr. Petra Mommert-Jauch

In der Gruppe macht Nordic Walking besonders viel Spaß.

Was beeinflusst unser Gewicht?

Jeder wünscht sich einen schönen, schlanken und attraktiven Körper. Wohl geformt und sportlich. Leider klappt das nicht immer so, wie man sich das wünscht. In diesem Kapitel sprechen wir darüber, was das Gewicht beeinflusst und wie Sie es schaffen können, Ihrer Traumfigur ein Stückchen näher zu kommen.

Was Sie wissen sollten: So kriegen Sie Ihr Fett weg!

Eigentlich ist es ganz einfach: Wer abnehmen will, muss mehr Energie verbrennen, als er über Essen und Trinken aufnimmt. Sie brauchen also eine negative Energiebilanz. Dazu gibt es zwei Möglichkeiten: Entweder Sie nehmen weniger Energie auf (durch das Einsparen von Nahrung) oder Sie verbrennen mehr Energie (durch regelmäßige Bewegung). Der beste, weil effektivste Weg, ist die Kombination von beidem. Wenn Sie sich bewusst ernähren und sich gleichzeitig mehr bewegen, dann ist das Abnehmen besonders effektiv. Sie verlieren in der gleichen Zeit mehr Gewicht, als wenn Sie lediglich versuchen, über das Essen Kalorien einzusparen. Sie haben mehr Erfolgserlebnisse, das macht Mut und motiviert zum Durchhalten. Außerdem funktioniert die Regulation von Hungergefühl und Sattsein besser, wenn Sie regelmäßig Sport treiben. Wer sich viel bewegt, kann mit Genuss essen. Er erkennt aber auch, wann er genug hat und schafft es, aufzuhören. Wer jedoch nur extrem wenig Energie verbraucht, weil er stundenlang am Schreibtisch sitzt, der hat größere Probleme mit der inneren Steuerung von Hunger und Sättigung. In diesem Fall ist es schwieriger, eine ausgeglichene Energiebilanz einzuhalten, weil das Gefühl, satt zu sein oft erst einsetzt, wenn man bereits zu viel gegessen hat. Deshalb braucht jemand, der sich Tag für Tag kaum bewegt, mehr Disziplin und größere Anstrengungen, sich zu kontrollieren und den ständigen kulinarischen Verlockungen standzuhalten.

Ein weiterer Grund, der für die Kombination von Bewegung und gezielter Ernährung spricht, ist, dass die Bewegung den zusätzlichen Effekt hat, dass der Körper straffer und die Konturen fester werden. Sie werden also nicht nur schlanker, Sie formen gleichzeitig Ihre Figur. Ein trainierter

Körper wirkt insgesamt straffer und dadurch natürlich auch attraktiver. Wer abnehmen und das reduzierte Gewicht auf Dauer halten will, sollte also besser auf die Doppelstrategie setzen: durch Bewegung mehr Energie verbrennen und gleichzeitig durch richtige Ernährung weniger Energie aufnehmen.

Warum wird man dick?

Klar, nie zuvor gab es so viel Nahrung im Überfluss wie heute. Leckeres Essen ist immer griffbereit, der Kühlschrank ist ständig mit Köstlichkeiten gefüllt. Das Problem: Man kann die Finger einfach nicht davon lassen. Hinzu kommt, dass wir immer fauler werden. Insgesamt verbrauchen wir viel weniger Energie durch Arbeit oder Bewegung, als gut für uns wäre. Die Folgen: Speckröllchen, dicke Oberschenkel, steigende Kleidergrößen. Auch die Gene machen uns das Abnehmen schwer. Sie stammen aus einer Zeit, in der es Nahrungsüberfluss, wenn überhaupt, nur ganz selten gab. Wenn wir weniger essen, drosselt der Körper deshalb automatisch den Kalorienverbrauch. Er stellt sich bereits nach kurzer Zeit auf die verminderte Energiezufuhr ein und fährt den Stoffwechsel auf Sparflamme herunter. Es gibt nur eine Methode, mit der Sie diesen Mechanismus verhindern können: Bringen Sie Ihren Kreislauf in Schwung, verbrennen Sie Kalorien, bewegen Sie sich, treiben Sie Sport.

Gesundes Essen macht schlank und hält fit.

Sind Sie übergewichtig?

Zunächst einmal sollten Sie ermitteln, ob Sie tatsächlich übergewichtig sind und in welchem Ausmaß das der Fall ist. Der Body Mass Index (BMI) liefert dazu die nötigen Hinweise. Die Formel wirkt auf den ersten Blick ein wenig kompliziert. Dennoch ist es wichtig, dass Sie bei der Beurteilung Ihres Gewichtes Ihre Körpergröße einbeziehen.

Sie rechnen

> **BMI = Körpergewicht (in kg) geteilt durch Körpergröße (in Metern) zum Quadrat.**

Beispiel: $70 : (1{,}75)^2 = 70 : 3{,}062 = 22{,}86$

Bei Männern redet man von einem Optimalgewicht, wenn der BMI zwischen 20 und 25 liegt. Frauen mit einem BMI zwischen 19 und 24 haben ein optimales Gewicht.

BMI unter 19: leichtes Untergewicht
BMI 25 bis 30: leichtes Übergewicht
BMI über 30: starkes Übergewicht

Wer sein Gewicht genau beurteilen will, kann versuchen, zusätzlich zum BMI, den Körperfettanteil zu bestimmen. Damit wird die Bewertung Ihres Gewichtes zuverlässiger. Mit Hilfe einer Waage, die gleichzeitig den Körperfettanteil misst, können Sie den Wert relativ schnell und einfach ermitteln. Bei diesen elektrischen Geräten durchfließt Wechselstrom, der nicht spürbar ist, den Körper. Gemessen wird der Widerstand, auf den dieser Strom trifft. Das Prinzip: Fett leitet den Strom schlecht, Körpermasse ohne Fett leitet den Strom besser, weil die im Wasser gelösten Elektrolyte gut leitfähig sind. Das Gerät ermittelt dann in verschiedenen Umrechnungsschritten den Gesamtkörperfettanteil. Das Problem: Das Messergebnis ist abhängig vom Wasserhaushalt der Person. Häufiges Kaffeetrinken, ein Saunabesuch oder eine besonders feuchte oder trockene Haut können das Ergebnis verfälschen. Achten Sie darauf, dass Sie immer unter vergleichbaren Bedingungen messen, also zur gleichen Tageszeit. Die folgenden Tabellen können Sie zur Beurteilung Ihres Körperfettanteils heranziehen.

FRAUEN

ALTER	SEHR GUT	GUT	MITTEL	SCHLECHT
20-24	18,9	22,1	25,0	29,6
25-29	18,9	22,1	25,4	29,8
30-34	19,7	22,7	26,4	30,5
35-39	21,0	24,0	27,7	31,5
40-44	22,6	25,6	29,3	32,8
45-49	24,3	27,3	30,9	34,1
50-59	26,6	29,7	33,1	36,2
über 60	27,4	30,7	34,0	37,3

MÄNNER

ALTER	SEHR GUT	GUT	MITTEL	SCHLECHT
20-24	18,9	22,1	25,0	29,6
25-29	18,9	22,1	25,4	29,8
30-34	19,7	22,7	26,4	30,5
35-39	21,0	24,0	27,7	31,5
40-44	22,6	25,6	29,3	32,8
45-49	24,3	27,3	30,9	34,1
50-59	26,6	29,7	33,1	36,2
über 60	27,4	30,7	34,0	37,3

So funktioniert der Energiestoffwechsel

Unser Stoffwechsel arbeitet wie eine Verbrennungsmaschine, die mit Energie betrieben wird. Dabei müssen sich Energieaufnahme und -abgabe die Waage halten. Um zu überleben, braucht Ihr Körper rund um die Uhr Energie, selbst dann, wenn Sie schlafen. Sie wird gebraucht, um lebenserhaltende Prozesse im Körper in Gang zu halten, zum Beispiel um die Körperwärme zu regulieren und um Atmung, Verdauung und Herzschlag aufrechtzuerhalten. Die dafür benötigte Energie wird **Grundumsatz** genannt. Der Grundumsatz ist nicht bei jedem Menschen gleich groß, er ist abhängig von der Größe, vom Gewicht, von der Muskelmasse und damit auch vom Geschlecht und vom Alter. Eine 60 Kilogramm schwere Frau hat einen Grundumsatz von etwa 1100 Kilokalorien pro Tag, ein 80 Kilogramm schwerer Mann von etwa 1700 Kilokalorien. Zum Grundumsatz kommt der **Leistungsumsatz** hinzu. Dies ist die Menge an Energie, die Sie durch Arbeit oder Leistung zusätzlich verbrennen. Natürlich ist Ihr Leistungsumsatz umso höher, je mehr Sie sich bewegen und je aktiver Sie Ihr Leben und Ihren Alltag gestalten. Schwerstarbeiter oder Leistungssportler verbrauchen leicht 3000 Kilokalorien zusätzlich. Wer im Büro arbeitet und abends vor dem Fernseher hockt, kommt nur noch auf einen Leistungsumsatz von etwa 500 Kilokalorien am Tag.

Was es mit Fetten auf sich hat

Eigentlich ist es ein reines Rechenexempel: Wenn Sie mehr Energie über das Essen aufnehmen, als Sie verbrauchen (Grund- und Leistungsumsatz zusammengerechnet), lagert Ihr Körper diese Energie in seinen Fettspeichern ab. Diese befinden sich unter der Haut im Unterhautfettgewebe, teilweise auch im Bauchraum. Die Fettspeicher des Körpers sind sehr groß, wir verfügen über etwa 600 Milliarden Fettzellen. Selbst bei schlanken Menschen reicht die Energie in unseren Fettdepots aus, um damit tagelange Ausdauerleistungen vollbringen zu können.

Die eigentlichen Energieträger sind die Nährstoffe Kohlenhydrate und Fette. Die Kohlenhydrate sind als Glykogen (Speicherform des Traubenzuckers) in den Muskeln und in der Leber gespeichert. Je nachdem, wie gut Sie trainiert sind, können bis zu 500 Gramm Glykogen in den Muskelzellen gespeichert sein. Diese Energiequelle zapft Ihr Körper vor allem dann an, wenn Sie intensiv trainieren – beim Power-Sport also. Das hängt damit zusammen, dass bei dieser Form der Energiebereitstellung in kurzer Zeit viel Energie freigesetzt wird. Die Energie, die in den Fettdepots unseres Körpers gespeichert ist, ist 50-mal so groß wie die Energiemenge, die in Form von Glykogen in den Muskeln bereitliegt. Die Energiequelle »Fett« wird vor allem dann angezapft, wenn die körperliche Belastung relativ gering ist, dafür kann sie jedoch sehr lange andauern.

Diät – ja oder nein?

Eine Diät nützt nichts! Das ist das Ergebnis einer repräsentativen Umfrage des Forsa Institutes. Bei einer Befragung von rund 1000 Bundesbürgern, wurde festgestellt, dass 60 Prozent derjenigen, die eine Diät gemacht hatten, auch bald wieder zugenommen hatten. Versuche mit Wunderdiäten und Pulverdrinks, um das Gewicht zu reduzieren, brachten ebenfalls keinen Erfolg. Von den Befragten, die dauerhaft abgenommen hatten, gaben die meisten an, sich ausgewogener ernährt zu haben. Ihr Erfolgsrezept: weniger essen, sich mehr bewegen und weitgehend auf Süßigkeiten verzichten.

Das Wort »Diät« hat in unserer Gesellschaft leider eine nur sehr einseitige Bedeutung. Die Assoziation ist sofort: ... weniger essen. Dabei stammt das Wort Diät vom griechischen »diaita« ab, was so viel wie »vernünftige Lebensweise« heißt. Dennoch ist die Ernährung ein wichtiger Pfeiler bei einer gesunden Lebensweise. Bei objektiver Betrachtung der jährlich wieder das Land überziehenden Diätwellen, fällt eines auf jeden Fall auf: Jedes Diätkonzept scheint die ultimative Patentlösung zu sein und alle anderen Konzepte ad absurdum zu führen. Ein Beispiel dafür sind die Kohlenhydrate, die einmal als Dickmacher und kurze Zeit später als Fitmacher galten. Aber auch die Fette bekommen ihr Fett ab: Zuerst verdammt – wie mussten wir doch alle ganz akribisch die so genannten »Fettaugen« zählen – und danach mit dem Slogan »Fett macht fit« in den Diätenhimmel gehoben. Leider werden bei solch simplen Patentrezepten weder das komplexe Stoffwechselgeschehen im Körper noch die individuell unterschiedlichen Voraussetzungen berücksichtigt. Schließlich besitzt jeder eine ganz persönliche physische und psychische Struktur und lebt auch unter anderen organisatorischen Gegebenheiten.

Worauf Sie achten sollten: die Fett- und Kohlenhydratfalle

Eine ausgewogene Ernährung entspricht den Grundbedürfnissen des Menschen. Schon als Neandertaler hatten wir den besonderen Instinkt für Essbares, was nicht nur genießbar war, sondern uns auch gut bekam und »entdeckten« dabei die Ausgewogenheit und den Abwechslungsreichtum von Grundnahrungsmitteln. Nur so war ein Überleben möglich. Es geht also auch bei der heutigen Ernährung nicht darum, auf Fett oder auf Kohlenhydrate zu verzichten, sondern beides in Einklang zu bringen.

Es ist sogar gefährlich, generell das Fett wegzulassen, denn ohne die richtigen, nämlich ungesättigten Fettsäuren, kann das schlechte LDL-Cholesterin sogar ansteigen. Die Fettfalle allerdings liegt in den gesättigten Fettsäuren. Sie sollten Sie einschränken. Je fester ein Nahrungsfett ist, desto mehr gesättigte Fettsäuren enthält es. Also Wurst, fettes Fleisch und fetten Käse (alles hochprozentige Kalorien!) reduzieren und höchstenfalls als »Belohnung« nach den ersten kleinen Erfolgen (siehe S. 19) ganz bewusst genießen. In Maßen ist demnach nichts verboten. Ausgewogenheit ist das Stichwort für ein gesundes Gewicht.

Umgehen Sie die Fettfalle: Reduzieren Sie Wurst, fettes Fleisch und Käse.

TIPP

Die ungesättigten Fettsäuren gehören dazu
Auf sie sollten Sie auf keinen Fall verzichten. Aus Oliven- und Rapsöl und auch den Omega-3-Fettsäuren im Meeresfisch (Lachs, Makrele, Hering, Thunfisch) bildet der Körper Schutzfaktoren für Herz und Blutgefäße. Sie sorgen für bessere Blutzucker- und Blutfettwerte. Genießen Sie, wenn möglich, zwei Mal in der Woche einen herrlichen Meeresfisch. Das Rapsöl können Sie für Ihren Salat und beim Andünsten Ihres Gemüses verwenden.

> **TIPP**
>
> Kohlenhydrate lösen im Körper eine Insulinreaktion aus. Durch zu fettreiche und kohlenhydratlastige Ernährung (betrifft die konzentrierten Kohlenhydrate) verschlechtert sich die Insulinwirkung. Dadurch kann die aus der Nahrung gebildete Glukose nicht mehr vollständig in die Körperzellen aufgenommen werden. Zusätzlich blockieren auch freie Fettsäuren im Blut den Zuckertransport an die Zellen, sodass sich die Stoffwechselsituation erheblich verschlechtern und am Ende die »Übergewichts-Zuckerkrankheit«, der Diabetes Typ 2, stehen kann. Zur Vorbeugung und auch zur Behandlung gelten: Essen und trimmen – beides muss stimmen. Nur so kann der gestörte Insulin-Stoffwechsel wieder ins Gleichgewicht gebracht werden. Regelmäßiges Nordic Walking oder Walking erhöht die insulinunabhängige Glukoseaufnahme in die Muskelzellen und verbessert gleichzeitig die Insulinwirkung an der Zellmembran. Das bedeutet, dass der Blutzucker besonders effizient von den Zellen verwertet werden kann. Regelmäßiges Training hat zur Folge, dass der Körper insgesamt weniger Insulin zur Aufnahme der gleichen Menge Glukose benötigt. Auf diese Weise wird die Bauchspeicheldrüse erheblich entlastet.

Was die Kohlenhydrate betrifft, sollte man vor allem auf die kohlenhydrathaltigen Lebensmittel zurückgreifen, die gleichzeitig auch Ballaststoffe, Vitamine und Mineralstoffe enthalten (= Kohlenhydrate mit niedrigem glykämischem Index). Gerade Gemüse, Obst und Salate sind ernährungsphysiologisch sehr wertvoll und sind außerdem Schutzfaktoren für unsere Gesundheit.

So werden Blutzuckerschwankungen und -spitzen vermieden und der Blutzuckerspiegel auf ausgewogenem Niveau gehalten. Gleichzeitig kommt es durch die günstigen Effekte auf den Fett- und Zuckerstoffwechsel zu einer sehr guten Sättigungswirkung ohne Heißhungerattacken zwischendrin. Die Kohlenhydratfalle liegt in den so genannten konzentrierten Kohlenhydraten (= Kohlenhydrate mit hohem glykämischem Index) wie Brot und Backwaren aus Weißmehl, Kartoffeln und Süßigkeiten. Sie sollten Sie eher seltener zu sich nehmen. Durch diese stark konzentrierten Kohlenhydrate wird die Bauchspeicheldrüse veranlasst sehr viel Insulin ins Blut auszuschütten, um den hohen Blutzuckerspiegel wieder zu normalisieren. Dieses hat zur Folge, dass sich relativ schnell wieder Hunger, wenn nicht sogar Heißhungerattacken einstellen, um den Blutzuckerspiegel wieder zu normalisieren. Um jetzt schnell satt zu werden, greift man wieder zu den schnell sättigenden konzentrierten Kohlenhydraten, die eine erneute Insulinausschüttung bewirken. Der Teufelskreislauf beginnt von vorne. Warum sich also mit Nudeln voll stopfen, wenn andere Lebensmittel viel mehr bieten und trotzdem gut schmecken?

Insgesamt ist die ausgewogene Ernährung deshalb das Erfolgsrezept, weil sie der Befriedigung der (Ur)Bedürfnisse am nächsten kommt:

1. Das Gefühl der Sättigung sollte möglichst schnell erreicht werden. Dazu wird durch

das ausgewogene Lebensmittelrepertoire so viel Nahrungsvolumen zugeführt, dass der Magen schnell starke Sättigungssignale ans Gehirn sendet.
2. Die Zusammensetzung und Auswahl der Lebensmittel ermöglicht eine maximal lange Sattheit.
3. Die ernährungsphysiologisch idealen Bestandteile der Lebensmittel sichern die körperliche Gesundheit und zudem gleichzeitig die geistige Konzentrations- und Leistungsfähigkeit.

Die 10 wichtigsten Kernaussagen zur Gewichtsreduzierung

1. Genießen Sie die Lebensmittelvielfalt. Es kommt auf die Menge und Auswahl an.
2. Reduzieren Sie Ihre Kalorien nicht unter Ihren Kalorien-Grundumsatz (siehe Seite 13). Ansonsten greifen Sie Ihre Muskelmasse an.
3. Dafür aber versuchen Sie täglich entweder 150 kcal durch zusätzliche Bewegung zu verbrennen, 8000 bis 10 000 Schritte zu gehen oder fünf Mal am Tag fünf Stockwerke Treppen zu steigen.
4. Genießen Sie die feinen Salatöle und meiden Sie das unsichtbare Fett in Wurst-, Milch- und Gebäckprodukten.
5. Genießen Sie Süßigkeiten und Kuchen vor allem zur Belohnung, wenn in Ihrem Terminkalender alle Nordic-Walking-Termine eingehalten wurden.
6. Genießen Sie den Geschmack und den Duft frischer Kräuter und Gewürze und würzen Sie dafür mit weniger Salz.
7. Genießen Sie den kristallklaren Geschmack eines kohlensäurearmen Mineralwassers in vollen Zügen (etwa 1,5 Liter Flüssigkeit pro Tag) und auch das Glas Wein darf hin und wieder sein.
8. Garen Sie die jeweiligen Speisen bei möglichst niedrigen Temperaturen, mit wenig Wasser und wenig Fett – das erhält den natürlichen Geschmack, schont die Nährstoffe und verhindert die Bildung schädlicher Verbindungen.
9. Kauen Sie immer ein bisschen länger, als Sie es normalerweise tun würden. Die Sättigung tritt so viel schneller ein.
10. Machen Sie aus Ihren Mahlzeiten kleine Rituale: Setzen Sie sich dabei immer hin, aber schauen Sie dabei weder Fernsehen noch in die Zeitung.

TIPP

Falls Sie also häufig von Heißhungerattacken heimgesucht werden, oder auch bereits zwei Stunden nach dem Essen wieder Hunger haben, sollten Sie einmal bewusst auf die Kohlenhydratfalle achten. Hält Ihr Sättigungsgefühl – wohlgemerkt nicht Völlegefühl! – auch vier Stunden nach Ihrer letzten Mahlzeit noch an, dann scheint Ihre Nahrungszusammensetzung zu stimmen. Um jetzt Gewicht zu reduzieren, sollten Sie Ihr Augenmerk auf den Energieverbrauch und auf die Bewegung legen. Nehmen Sie sich daher vor, jeden Tag einen kleinen Umweg einzubauen.

Die richtige Einstellung

Wir wollen nicht, dass Sie zu der Gruppe in der Statistik gehören, die begeistert mit einem Bewegungstraining beginnt und bereits innerhalb der ersten 10 Wochen aufgibt und in Resignation verfällt. Das ist ein sehr großer Teil, zu dem Sie aber nicht dazugehören müssen. Beherzigen Sie daher Folgendes.

Abnehmen beginnt im Kopf

Sie würden eine neue Geschäftsidee niemals ohne einen genauen Plan umsetzen. Sie wägen ganz genau ab, wie viel Ihnen das neue Unternehmen bringen wird, was es Ihnen also wert ist. Sie wissen aber auch, wie viel Sie investieren müssen und welche Hindernisse auftreten können. Und eigentlich müssten Sie sich dann auch schon Strategien überlegen, diese Hindernisse aus dem Weg zu räumen.

Wenn Sie Ihre selbst gesteckten Ziele erreichen wollen, lohnt es sich, systematisch vorzugehen und sich der eigenen Gedanken bewusst zu werden. Indem Sie sich einmal ganz genau und ehrlich überlegen, warum Sie das Unternehmen »Schlank und Fit« auf den Weg bringen wollen, beginnen Sie auch schon »Selbst-bewusst-sein« zu bekommen, neue Wege zu gehen, Risiken einzugehen, Gewohnheiten aufzugeben und und und… Wichtig ist dabei, dass *Sie* es wollen und nicht eine andere Person. Und genauso wichtig ist, dass Sie es *für sich* wollen und das ganze Unternehmen nicht für einen anderen starten. Mit diesem »Selbst-bewusst-sein« kommt eine gewisse innere Freiheit, auch einmal etwas ganz Neues zu tun oder seinen inneren Schweinehund durchaus besiegen zu können und über sich selbst hinauszuwachsen.

Das große Ziel vor Augen

Sie haben ein Ziel. Sie möchten Ihre Konfektion ein bis zwei Kleidergrößen kleiner kaufen können. Oder Sie wollen im Ganzen vielleicht nicht unbedingt 20 kg abnehmen, dafür aber bessere Proportionen, eben eine bessere Figur. Vielleicht geht es Ihnen aber vor allem um ein besseres körperliches Wohlbefinden und ein paar gesundheitliche Risikofaktoren weniger. Um das große Ziel zu erreichen, sollten Sie sich mindestens sechs, wenn nicht sogar zwölf Monate Zeit geben. Denn das große Ziel muss realistisch zu erreichen sein. Bis dorthin gibt es viele kleine Etappenziele, die Sie zuerst ansteuern und für die Sie sich auch durchaus belohnen dürfen, wenn Sie sie erreichen.

Ihre Etappenziele

Das große Ziel soll Sie beflügeln, aber nicht frustrieren. So brauchen wir innerhalb dieser sechs oder auch zwölf Monate immer wieder kleine Erfolgserlebnisse und Motivationen. Setzen Sie sich selbst Etappenziele, die auch wirklich realistisch sein sollten. Diese könnten sein:
• Mehr als zwei Mal pro Woche 20 Minuten am Stück zu walken.

> **TIPP**
>
> Überlegen Sie sich ein Reiseziel, an das Sie in absehbarer Zeit gerne einmal hin möchten. Ermitteln Sie die Distanz bis zu diesem Reiseziel. Beispiel: Sie wohnen in Stuttgart und würden gerne die große Modenschau in Mailand besuchen. Das sind etwa 500 Kilometer. Jetzt geben Sie sich für jede 20-Minuten-Einheit Nordic Walking eine »Gutschrift« von 2 Kilometern (entspricht einer Geschwindigkeit von 6 Kilometer pro Stunde). Jede Woche zählen Sie die so zurückgelegten Entfernungen zusammen und markieren die Strecke auf einer Landkarte. Wie viel Tage brauchen Sie, um in Mailand anzukommen? Könnten Sie es vielleicht auch schneller schaffen? Vielleicht wetteifern Sie mit Ihrer Freundin, wer schneller in Mailand ist?

Walken bringt Ihnen einen Ausgleich zum vielen Sitzen im Job.

- Mehr als 30 Minuten (später 45 Minuten bis zu 60 Minuten) ohne Unterbrechung walken zu können.
- Diese Woche ohne Pommes und Kuchen auszukommen und dafür nach dem Mittagessen jedes Mal Obst zu essen.
- Ein bis zwei Mal pro Woche das Auto auf einen weiter entfernten Parkplatz zu stellen und so mindestens 10 Minuten zu Fuß zum Büro zu gehen.
- Ein bis zwei Mal pro Woche die Mittagspause für einen 20-minütigen Spaziergang zu nutzen.

Und auch dafür können Sie sich Gutschriften geben auf Ihrem Weg nach Mailand und eventuell die Gutschrift von zwei Kilometern auch zusätzlich durch ein Zwei-Euro-Stück ins Sparschwein »stärken«. Am Ende sind Sie schneller in Mailand, als Sie sich das anfangs vorstellen konnten!

Ihre Tagesziele

Wie heißt es doch so schön nach einer asiatischen Weisheit: »Der Weg ist das Ziel«. Und so ist es ja nur sinnvoll, wenn Sie bereits bei der kleinsten Einheit, also bei jedem einzelnen Tag beginnen, kleine Veränderungen vorzunehmen.
- Bauen Sie 1-2 Übungen aus unserem Stretching- und/oder Muskel-Programm morgens oder sogar in Ihren Büroalltag ein.
- Nehmen Sie sich jeden Tag mindestens 10 Minuten, in denen Sie an die frische Luft gehen und den »Kopf frei bekommen«.
- Essen Sie vormittags einen Apfel, nachmittags eine Birne oder Ihr Lieblingsobst.
- Falls Sie abends gerne essen, notieren Sie sich, wann Sie abends das letzte Mal etwas zu sich nehmen und versuchen Sie diesen Zeitpunkt jeden Tag um 10 Minuten nach vorne zu verschieben.

Belohnungen sind wichtig!

Wie oft und selbstverständlich belohnen wir unsere Kinder für gute Noten, unseren Hund für das Apportieren oder auch unseren Nachbarn für Gefälligkeiten. Nur bei uns selbst, scheint es uns überflüssig oder kindisch. Dabei weiß die Psychologie schon lange, dass die Fähigkeit zur Selbstbelohnung ganz wesentlich ist, um Verhaltensänderungen umsetzen zu können. Belohnen Sie sich für ein erreichtes Etappenziel, denn darauf können Sie mit Recht stolz sein. Ob Sie sich eine Fußmassage gönnen oder ein schickes T-Shirt, das ist unerheblich, so lange Sie nicht in alte Ess- oder Verhaltensmuster zurückfallen. Sie können sich dabei auch einen Kredit geben: Beauftragen Sie Ihre beste Freundin, die 100 Euro, die Sie ihr gegeben haben, so lange zurückzulegen, bis Sie Ihr erstes Ziel erreicht haben. Schaffen Sie es, dann gönnen Sie sich für die 100 Euro etwas Schönes. Schaffen Sie es jedoch nicht, spenden Sie den Betrag an eine karitative Einrichtung.

Negative Gedanken sind Energiekiller

Negative Gedanken können ein Stress-Signal sein. Negative Gedanken drücken sich häufig in den Wörtern »immer, alle, nie, keiner« aus: »Immer muss ich alles..., keiner ist bereit..., das schaff ich nie..., das hält ja keiner aus...«
Diese Gedankenmuster hemmen Sie und killen Ihre Energievorräte. Erst wenn Sie diese Energiekiller nicht mehr zulassen, können sich neue Gedanken und neue Entschlüsse gegen den »inneren Schweinehund« durchsetzen. Statt wie bisher die 1000 und erste Ausrede gegen die Bewegung an der frischen Luft parat zu haben, fallen Ihnen zuerst mindestens genauso viele Argumente für die Bewegung an der frischen Luft ein, trotz des miesen Wetters! Wenn sich also wieder mal die negativen Gedanken Ihrer bemächtigen wollen, dann tun Sie ganz bewusst etwas, wodurch Sie sich wohler fühlen. Packen Sie also schon vorher Ihren »Notfall-Koffer« mit positiven Gedanken oder wohltuenden Aktivitäten, um schnell auf solche Energiekiller reagieren zu können.

Positive Gedanken beflügeln

Normal wäre es, wenn wir uns positiv unterstützen würden: »Das habe ich gut

Lächeln Sie vor dem Spiegel, das entspannt.

hingekriegt..., das klappt schon..., das ist richtig nett..., so ein schöner Tag heute..., das läuft schon viel besser..., ich bin richtig stolz auf mich...« Eigenlob stimmt! Halten Sie sich doch einmal Ihre positiven Qualitäten vor Augen. Angefangen bei den schönen Augen, über Ihre angenehme Stimme, Ihr freundliches hilfsbereites Wesen, über Ihr Organisationstalent bis hin zu Ihren sagenhaften Backkünsten. Legen Sie Ihre eigenen Maßstäbe bei sich an und richten Sie sich nicht danach, was bei anderen gut ankommt. Selbstbewusstsein zeichnet sich nicht dadurch aus, dass man es laut nach außen gibt, sondern durch die gute Kenntnis über sich selbst: Sie wissen um Ihre Stärken, Ihre Schwächen und Ihre Reaktionen. Diese Selbstkenntnis gibt Ihnen Sicherheit, die man außen als natürliche Autorität wahrnimmt und spürt. Positive Gedanken erzeugen positive Gefühle und eine positive Ausstrahlung und sind die Basis des Erfolgs!

Schlank, fit und gesund durch Bewegung

Bewegung ist das beste Mittel, um auf Dauer gesund, fit und schlank zu bleiben. Wichtig ist es jedoch regelmäßig aktiv zu sein. Nur dann können sich die Wirkungen der sportlichen Aktivitäten voll entfalten. Wenn Sie drei Wochen lang täglich trainieren und danach drei Wochen überhaupt nicht mehr, werden Sie insgesamt weniger erreichen, als wenn Sie durchgängig zwei bis drei Mal pro Woche aktiv sind. Sie sollten sowohl Ihre Ausdauer als auch Ihre Muskelkraft trainieren. Die Kombination von Ausdauer und Muskelkraft ist der Schlüssel für Gesundheit und Wohlbefinden.

WIRKUNGEN EINES REGELMÄSSIGEN AUSDAUERTRAININGS

- **Der Fettabbau funktioniert durch den hohen Kalorienverbrauch schneller und leichter.**
- **Prävention von Herz-Kreislauf-Erkrankungen:** Herz und Kreislauf arbeiten viel ökonomischer.
- **Kick fürs Immunsystem:** Die Abwehrkraft wird gestärkt, die Antikörper werden aktiviert.
- **Therapie für hohe Cholesterinwerte:** Die Cholesterinwerte verbessern sich.
- **Schutz gegen Typ-2-Diabetes:** Die Insulinsensibilität der Zellen wird gesteigert.
- **Der Sauerstoffgehalt im Blut steigt:** Der Körper ist besser mit O_2 versorgt.
- **Arthrose-Prävention:** Die Gelenke werden durchsaftet.
- **Schutzmantel für die Psyche:** Man fühlt sich wohler, ist ausgeglichener und verliert auch in stressenden Situationen nicht so schnell die Ruhe.
- **Der Kopf wird frei:** Das Gehirn wird besser durchblutet und aktiviert.
- **Muskelverspannungen lösen sich:** Muskeln, die durchblutet werden, werden lockerer.

WIRKUNGEN EINES REGELMÄSSIGEN MUSKELTRAININGS

- **Die Figur wirkt attraktiver:** Die Muskeln werden fester, Konturen werden straffer.
- **Anti-Cellulite-Effekt:** Das Bindegewebe wird fester, die Haut wirkt glatter.
- **Die Haltung verbessert sich.**
- **Rückenschmerzen können verhindert oder verbessert werden.**
- **Osteoporose-Vorbeugung:** Die Knochen gewinnen an Stabilität.
- **Verletzungsprophylaxe:** Die Gelenke werden stabilisiert.
- **Anti-Aging-Effekt:** Die Hormonproduktion wird angeregt.

Die richtige Einstellung 23

Entspannen, durchatmen, staunen: Nordic Walking in den Bergen

Optimales Fatburner-Training: den Fettstoffwechsel aktivieren

Was ist eigentlich Fatburning? Fatburning oder Fettverbrennung ist eine Form der Energiebereitstellung des Körpers, nämlich die, bei der die Energiequelle »Fett« angezapft wird. Dabei werden freie Fettsäuren, die bei der Spaltung des Depotfetts entstehen, im Körper verbrannt. Der Körper holt seine Energie jedoch nicht nur aus einer einzigen Energiequelle. Wenn Fette verbrannt werden, werden in der Regel auch gleichzeitig Kohlenhydrate verbrannt, die in den Muskeln gespeichert sind. Welcher Speicher in welchem Maß angezapft wird, das hängt davon ab, wie intensiv wir uns bewegen. In Ruhe kommt unsere Energie etwa zur Hälfte aus Fetten und zur anderen Hälfte aus Kohlenhydraten. Bei einem sanften Ausdauertraining kann der Anteil der Energiegewinnung aus Fetten auf bis zu 80 Prozent steigen. Je intensiver das Training wird, umso mehr verschiebt sich die Energiebereitstellung in Richtung der Kohlenhydrate. Beim intensivsten Power-Training werden fast komplett Kohlenhydrate verbrannt.

Fatburner-Training aktiviert also in besonderem Maße den Fettstoffwechsel. Diese sanfte Art des Trainings ist aus gesundheitlicher Sicht besonders effektiv. Vor allem Sporteinsteiger sollten erst einmal über einige Wochen und Monate mit einem moderaten Training Ihre Grundlagenausdauer aufbauen. Allerdings sollten Sie sich durch den Begriff nicht in die Irre führen lassen: Fettstoffwechseltraining bedeutet nicht, dass Sie dadurch besonders gut Fett abbauen und Ihr Gewicht reduzieren können. Der Fettabbau hängt ausschließlich davon ab, dass Sie mehr Energie verbrennen, als Sie zu sich nehmen. Und natürlich verbrennen Sie mehr Energie, je intensiver Sie sich beim Training belasten. Andererseits hat Power-Sport für untrainierte und übergewichtige Sportler Nachteile: Hohe Intensitäten zwingen oft zum Abbruch des Trainings, weil der Körper darauf einfach nicht vorbereitet ist. Das frustriert die Menschen und nimmt ihnen den Mut weiterzumachen. Außerdem bringt es nichts loszupowern, wenn Muskeln, Bänder und Gelenke sich noch nicht an die neue Belastung angepasst haben. Es kommt viel häufiger zu Schmerzen oder Verletzungen. Das sechsmonatige Trainingsprogramm, das wir Ihnen in diesem Buch vorstellen, berücksichtigt beide Aspekte. Sie beginnen mit einem sanften Ausdauertraining, bei dem der Fettstoffwechsel aktiviert wird und der Körper sich ganz langsam an die Belastung anpassen kann. Erst, wenn Ihre Grundlagenausdauer aufgebaut ist, wird das Tempo gesteigert und die Intensität erhöht. Wenn Sie sich an unseren Plan halten, wird Ihnen diese sukzessive Erhöhung Ihres Bewegungspensums keine Probleme machen.

So kriegen Sie Ihr Fett weg: Power-Training verbrennt jede Menge Kalorien

Die schlechte Nachricht vorweg: Sie müssen etwa 7000 Kilokalorien mehr verbrennen, als sie über die Nahrung aufnehmen, um ein Kilo Fett zu verlieren. Zugegeben, das klingt erst einmal sehr schwierig. Lassen Sie sich jedoch durch diese Zahl nicht entmutigen. Wenn Sie sich regelmäßig bewegen, mit der Zeit Ihr Trainingspensum steigern und gleichzeitig weniger und vor allem das Richtige essen, können Sie es schaffen, Ihr Gewicht in den sechs Monaten des Programms erheblich zu reduzieren. Nun die gute Nachricht: Beim Nordic Walking, aktivieren Sie mehr Muskeln als beim normalen Walking. Deshalb ist der Energieverbrauch um etwa zehn Prozent erhöht. Marschieren Sie eine Stunde lang in gemäßigtem Tempo mit den Stöcken, verbrennen Sie dabei bereits etwa 480 Kilokalorien, beim Walking ohne Stöcke sind es dagegen nur 420. Wenn Sie nun im Laufe des sechsmonatigen Trainingsprogramms das Tempo steigern, die Intensität erhöhen, ein Intervalltraining einbauen und die Power-Techniken ausprobieren, können Sie den Kalorienverbrauch ganz erheblich steigern. Sie können mehr als 600 Kalorien pro Stunde verbrennen. Wenn Sie regelmäßig trainieren und gleichzeitig kalorienreduziert essen, ist es gar nicht so schwierig innerhalb von ein bis zwei Wochen auf eine negative Energiebilanz von 7000 Kilokalorien zu kommen – und damit in dieser Zeit ein Kilogramm Fett zu verlieren.

Schwitzen gehört dazu

Beim Nordic Walking werden Sie ins Schwitzen kommen. Gut so, denn Schwitzen ist lebensnotwendig. Sobald Hitze oder Anstrengung die Körpertemperatur nach oben treiben, reagiert das Kühlsystem unseres Körpers sofort: zwei bis drei Millionen Schweißdrüsen, die auf der Hautoberfläche verteilt sind, bilden verstärkt Flüssigkeit. Und die verdunstet und entzieht dem Körper dadurch Wärme. Die Folge: Die Körpertemperatur sinkt. Ohne diese automatische Wärmeregulation würde der Körper überhitzen und innerlich verkochen. Bei einer Person, die zehn Kilometer joggt und dabei 700 Kilokalorien verbrennt, würde beispielsweise die Körpertemperatur von 37 auf 47 Grad Celsius ansteigen. Und das bedeutet Tod durch Überhitzung, denn ab einer Körpertemperatur von 42 Grad Celsius gerinnt das Körpereiweiß. Wie viel man beim Sport schwitzt, das hängt vor allem von der Trainingsbelastung ab. Wer intensiver trainiert, schwitzt in der Regel auch mehr. Bis zu drei Liter Schweiß kann man bei starken sportlichen Belastungen und zusätzlicher Hitze pro Stunde verlieren. Doch die Schweißmenge variiert auch von Mensch zu Mensch ganz erheblich. Ein gut trainierter Organismus schwitzt in der Regel mehr als ein untrainierter.

Das Kühlsystem des Körpers: Schwitzen gehört dazu.

Bodystyling durch Muskeltraining

Beim Nordic Walking stärken Sie automatisch nicht nur Ihre Ausdauer, sondern auch Ihre Muskeln. Vor allem die Muskeln an Oberschenkeln, Waden, Brust, Armen, Po und Hüften, Rücken und Schultern werden intensiv gekräftigt. Das ist auch gut so, denn Muskeln sind die »Brennöfen« des Körpers, hier wird die Energie verbrannt. Je mehr Muskelmasse Sie haben, je mehr Brennöfen Ihnen also zur Verfügung stehen, desto mehr Energie verbrauchen Sie. Denn im Gegensatz zum Körperfett verbraucht Muskelmasse auch in Ruhe mehr

Energie. Pro Kilogramm Muskulatur sind das etwa 100 Kilokalorien pro Tag, die Sie im Alltag, also beim Sitzen, beim Essen und beim Schlafen mehr verbrauchen. Sie können das Risiko, Fett anzusetzen, also erheblich reduzieren, wenn Sie kräftige Muskeln haben. Hinzu kommt, dass Muskeltraining die Haltung verbessert, die Konturen festigt und das Bindegewebe strafft. Dadurch wirken Sie nicht nur schmaler, sondern auch aufrechter und attraktiver. Dies sind die Gründe, weshalb

> **TIPP**
>
> **Muskeln wiegen mehr als Fett**
> Wissen Sie eigentlich, dass Muskeln schwerer sind als Fett. Deshalb kann es passieren, dass Sie abnehmen, obwohl Sie zeitweise keine Erfolge auf der Waage sehen. Das kann Ihnen weiterhelfen: Messen Sie Ihren Taillen- und den Oberschenkelumfang vor dem 6-Monats-Programm und dann zwei bis drei Monaten später. Hat sich etwas verändert? Oft bemerkt man solche schmaleren und strafferen Konturen auch an ehemals engen Jeans oder Röcken.

unser Nordic-Walking-Programm mit regelmäßigen Muskelübungen kombiniert wird. Sportwissenschaftler haben herausgefunden, dass Muskeln nicht unbedingt mit aller Kraft trainiert werden müssen, um zu wachsen. Es reicht völlig aus, wenn Sie Ihre Muskeln regelmäßig mit mittlerer Belastung trainieren. Ab Seite 58 stellen wir Ihnen Muskelübungen vor, die Sie problemlos in Ihr Nordic-Walking-Programm integrieren oder damit kombinieren können. Die Kombination aus Walking mit Stockeinsatz und Kräftigungsübungen trägt effektiv zum Muskelaufbau bei.

Cellulite? Bewegung hilft!

Kaum eine Frau jenseits des 30. Lebensjahrs klagt nicht über Cellulite, über die ungeliebten Dellen an Oberschenkeln und Po. Und tatsächlich trifft es nicht nur übergewichtige, sondern häufig auch schlanke

Muskeln machen eine gute Figur.

Frauen, die mit diesem Problem zu kämpfen haben. Kein Wunder – ab 30 beginnt der Körper, die elastischen Fasern des Bindegewebes abzubauen. Der Prozess geht weiter: Jahr für Jahr verlieren wir weitere Fasern. Stoppen kann man den Abbauprozess auch durch viel Sport nicht, aber es ist durchaus möglich, die optischen Auswirkungen abzumildern.

Cellulite ist nichts anderes als Fett, das in dicken Trauben gegen die Haut nach oben drückt. Schuld daran ist die Struktur unserer Haut. Das weibliche Bindegewebe, das zwischen Oberhaut und Unterhaut-Fettgewebe liegt, ist äußerst flexibel. Seine Stützen aus Kollagen und elastischen Fasern sind extrem dehnbar. Dies hat die Natur bewusst so eingerichtet, damit die Haut während der Schwangerschaft nachgeben kann. Bei Männern liegen die Fasern netzartig übereinander und sind dadurch wesentlich fester miteinander verbunden. Deshalb können sich die Fettzellen bei ihnen nicht so schnell nach oben durchschieben.

Anders bei Frauen: Die Nachgiebigkeit des Bindegewebes wird von den Fettzellen gnadenlos ausgenutzt. Sie drängeln durch die Lücken nach oben und machen sich dort breit. Dann drücken sie durch die Haut und verursachen die typische Orangenhaut. Eine Wunderwaffe gegen Cellulite gibt es leider nicht. Klar ist jedoch: Sport gilt als die sicherste Methode, Cellulite zu bekämpfen und die Haut zu straffen. Wer sich viel bewegt, die Ernährung auf fettarme Kost umstellt und regelmäßig etwas für die Durchblutung seiner Haut tut, zum

Muskeltraining strafft Haut und Bindegewebe.

Beispiel durch Massagen oder Wechselduschen, der hat die besten Chancen, sich erfolgreich gegen die unschönen Dellen zur Wehr zu setzen.

Weiblich, über 40 – und trotzdem schlank! Geht das?

Ab 40 ist alles anders: Die meisten Frauen nehmen leichter zu und sie finden es viel schwieriger, überflüssiges Körperfett wieder loszuwerden. Einige merken, dass sie plötzlich zunehmen, obwohl sie nicht mehr essen als früher. Andere haben das Gefühl, dass jedes Stück Torte und jede Tafel Schokolade sofort deutliche Spuren an Oberschenkeln, Hüfte oder Bauch hinterlässt. Und tatsächlich – an diesen Beobachtungen ist wirklich etwas dran. Der Grund: Das Stoffwechseltempo verlangsamt sich, die Hormonproduktion geht drastisch zurück. Sobald das Körperwachstum abgeschlossen ist, also spätestens ab dem 20. Lebensjahr, verlangsamt sich der Stoffwechsel, pro Lebensdekade um etwa fünf Prozent. Während eine 20-jährige Frau täglich etwa 2000 Kilokalorien verbraucht, liegt der Energiebedarf bei einer über 40-Jährigen nur noch bei etwa 1700. Das Problem: Wenn Sie als 40-Jährige weiterhin so viel essen, wie eine 20-Jährige, nehmen Sie automatisch zu. 15 Kilogramm innerhalb von einem Jahr.

Hinzu kommt, dass die Hormone, die einen positiven Einfluss auf das Körpergewicht haben, nur noch in geringerem Maße produziert werden. Denn: Bereits ab dem 30. Lebensjahr wird die körpereigene Hormonproduktion erheblich zurückgefahren. Im Laufe des Älterwerdens sinkt sie teilweise bis auf ein Minimum des Ausgangswertes. Schlankmacherhormone sind vor allem das Dehydroepiandrosteron (DHEA), eine Hormonvorstufe, aus der im Körper Geschlechtshormone gebildet werden, Östrogene, Wachstumshormone und Schilddrüsenhormone.

Schlank bleiben jenseits der 40: Mit Sport funktioniert das.

DHEA beispielsweise ist in der Lage, an einer bedeutenden Stelle in die Gewichtsregulation einzugreifen: Es entscheidet darüber, ob überflüssige Energie in die Fettdepots eingelagert wird oder als Wärme vom Körper abgegeben wird. Das hängt damit zusammen, dass DHEA die Fähigkeit besitzt, ein Enzym zu hemmen, das an der Speicherung in die Fettdepots beteiligt ist. Einer Frau, die einen hohen DHEA-Spiegel im Blut hat, fällt es also wesentlich leichter, ihre Figur zu halten oder Gewicht abzubauen als einer Frau, die über weniger DHEA verfügt. Doch wir sind der Natur nicht völlig hilflos ausgeliefert. Studien haben ergeben, dass man die körpereigene Ausschüttung von DHEA beeinflussen kann. Wer sich regelmäßig bewegt, sorgt damit auf natürlichem Weg für eine verstärkte DHEA-Ausschüttung.

Auch die Schilddrüsenhormone beeinflussen unser Körpergewicht. Diese Hormone bewirken, dass unsere Nahrung gut verdaut wird und dass Abfallstoffe und Wasser ausgeschieden werden. Wenn wir älter werden, geraten diese Hormone oft aus der Balance. Es kommt häufig zu einer Schilddrüsenunterfunktion, die den Stoffwechsel insgesamt verlangsamt und dadurch den Energieverbrauch reduziert.

Jenseits der 40 ist es also tatsächlich besonders schwer, das Gewicht zu halten oder schlanker zu werden. Es gibt eine Strategie, die uns helfen kann, es trotzdem zu schaffen. Sie heißt regelmäßige Bewegung. Denn wer viel Sport treibt, verbrennt dabei nicht nur viel Energie. Der Körper wird gleichzeitig angeregt, die Schlankmacher-Hormone DHEA und Somatotropin (Wachstumshormon) zu bilden.

Stress macht dick

Inzwischen weiß man, dass Stress dick machen kann. Der Körper reagiert auf Stress immer noch genauso wie vor Tausenden von Jahren. Er stellt sich auf eine mögliche Gefahr ein, indem er den Körper auf Flucht oder Kampf optimal vorbereitet. Dazu werden die Stresshormone Adrenalin, Noradrenalin und Cortisol ausgeschüttet. Sie bewirken, dass kurzfristig viel Zucker ins Blut freigesetzt wird, um den Organismus auf Touren zu bringen und damit auf die Herausforderung vorzubereiten. Dieser Zucker muss abgebaut werden und dazu benötigt der Körper Insulin. Ein Teufelskreis beginnt: Je mehr Insulin produziert wird, umso mehr Lust auf Süßes bekommen wir. Hinzu kommt ein weiterer Mechanismus, der uns noch aus unserer Vorzeit geblieben ist. Vielleicht haben Sie auch schon beobachtet, dass Sie nach einem besonders stressigen Tag, wenn Sie so langsam zur Ruhe kommen, richtig viel Lust auf Süßigkeiten, Schokolade oder Kekse hatten. Das hängt damit zusammen, dass der Körper nach dem verlangt, was er in Urzeiten nach einer Gefahrensituation besonders dringend brauchte, nämlich Fett und Kohlenhydrate. Heute ist der Stress jedoch eher psychischer Natur – und dabei verbrauchen wir keine zusätzliche Energie. Die appetitanregende Wirkung bleibt jedoch erhalten – und das macht uns dick.

Abnehmen mit Nordic Walking

Nordic Walking ist optimal für Fettabbau,

Fitness, Gesundheit und Entspannung.

Und es ist ganz einfach zu erlernen.

Sie brauchen nicht viel –

ein paar Schuhe, ein paar Stöcke

und natürlich die richtige Technik.

Das Equipment – Was Sie benötigen

Nordic Walking ist kein teurer Sport. Sie brauchen nicht mehr als ein Paar Spezialstöcke, gute Schuhe und funktionale Sportkleidung. Dann können Sie das ganze Jahr über, im Sommer, wie im Winter trainieren.

Stöcke

Das Wichtigste beim Nordic Walking sind die Stöcke. Sie sind speziell für das Nordic Walking entwickelt worden und unterscheiden sich sowohl vom guten, alten Wanderstock, als auch von Trekking- oder Skistöcken. Sie brauchen die Spezialstöcke für die spezielle Technik des Nordic Walkings, mit Ski- oder Trekkingstöcken können Sie die Technik nicht umsetzen. Es gibt sie in festen Längen oder als verstellbare Teleskop-Stöcke. Die Stöcke sollten möglichst leicht sein, gleichzeitig müssen sie aber auch gut stützen und optimal dämpfen. Sie dürfen sich beim Walken nicht verbiegen. Achten Sie darauf, dass der Stock beim Aufsetzen auf den Boden nicht vibriert.

Zum Walken auf Asphalt brauchen Sie einen Gummiaufsatz, auch »Pad« genannt. Der dämpft den Aufprall der Stockspitze auf den Boden ab und verhindert ein lästiges Geräusch beim Aufsetzen. Die Pads sind leicht abgerundet, dadurch verbessern sie die Haftung des Stockes auf dem Boden.

Gute Nordic-Walking-Stöcke haben einen ergonomisch geformten Griff. Er sollte aus einem griffigen Material sein, das den Schweiß absorbiert.

Am oberen Ende des Griffes sind die Handschlaufen befestigt. Diese sind für die spezielle Nordic-Walking-Technik besonders wichtig. Sie unterstützen die Hand und fixieren

den Stock in einer günstigen Position am Handgelenk. Durch die Schlaufen können Sie die Hand öffnen, während der Stock nach hinten schwingt –, ohne den Stock zu verlieren. Beim Nach-vorne-Schwingen des Armes wird der Stock fast automatisch wieder in die optimale Position gebracht.

Die optimale Stocklänge

Sie können die für Sie optimale Stocklänge mit der folgenden Faustregel berechnen:

> Körpergröße in Zentimeter x 0,66
> = Stocklänge in Zentimeter

Feste, nicht verstellbare Stöcke werden in Abstufungen von fünf Zentimetern zwischen 100 und 140 Zentimetern angeboten.

Schuhe

Beim Nordic Walking sind die Kräfte, die beim Aufprall der Füße auf den Boden entstehen, meist geringer als beim Joggen. Deshalb brauchen Sie keine extrem gut gedämpften Schuhe. Dennoch sollten vor allem Sportanfänger, Menschen mit Gelenkproblemen oder mit Übergewicht darauf achten, dass ihre Schuhe über ein ausreichendes Dämpfungssystem verfügen. Kaufen Sie einen Schuh, der das Aufsetzen des Fußes auf den Boden zwar abdämpft, aber Ihren Fuß trotzdem gut abrollen lässt. Normalerweise können Sie Joggingschuhe auch zum Nordic Walking benutzen. Sie sind so flexibel und leicht, dass der Fuß auch beim Walken gut abrollen kann. Für das Walken bei Regenwetter oder auf unebenen Flächen sind spezielle Walking- oder Nordic Walking-Schuhe besser. Sie sind robuster verarbeitet und haben eine grobstolligere Sohle, die auch bei feuchtem Wetter und auf Naturwegen griffig genug ist.

Kleidung

Nordic Walking ist ein Sport, den Sie das ganze Jahr über betreiben können, unabhängig davon, ob es im Sommer richtig heiß oder im Winter nass und kalt ist. Ihre Sportkleidung sollten Sie natürlich entsprechend der Jahreszeit den Wetterbedingungen anpassen. Wenn Sie sich entscheiden regelmäßig zu walken, lohnt sich die Anschaffung funktionaler Sportkleidung aus Synthetikmaterialien auf jeden Fall. Sie ist nicht nur leicht und angenehm zu tragen, sondern auch luftdurchlässig. Der Schweiß wird aufgesaugt und sofort nach außen abgegeben.

Die Technik – Worauf Sie achten sollten

Sie haben sich eine Sportart ausgesucht, die gerade für Mollige ganz ideal ist. Aber Nordic Walking ist nicht gleich Nordic Walking. Haben Sie Nordic Walker oder Nordic Walkerinnen ganz bewusst beobachtet? Ist Ihnen dabei schon mal aufgefallen, dass der Bewegungsablauf irgendwie nicht richtig rund und harmonisch zu sein scheint und dass das Ganze eher wie ein »Gestakse« mit Wanderstöcken aussieht, als dass es einer dynamischen Sportart ähnelt? Das ist leider ein ganz häufiges Bild. Beobachtungen an einer Vielzahl von Nordic Walkerinnen und Nordic Walkern haben ergeben, dass die meisten Walkerinnen und Walker »am Stock gehen« und eine eher schlechte Technik aufweisen. Mit schlechter Technik ist hier gemeint, dass man dem Bewegungsapparat möglicherweise mehr schadet als nutzt. Studien zeigen, dass Nordic Walking bei falscher Technik sogar gelenkbelastender sein kann als Jogging. Gerade für Mollige ist das ein ganz wichtiger Gesichtspunkt, denn vor allem die Wirbelsäule und auch die Knie- und Hüftgelenke haben durch jedes überflüssige Pfund eine Mehrbelastung. Die Frage, die sich also stellt ist: *Worauf muss ich als eher mollige Person bei der Technik des Nordic Walkings besonders achten, damit ich meine Gelenke nicht überlaste?*

Die richtige Technik für Mollige

In unserem Buch bekommen Sie Hinweise, die Sie von so genannten Nordic-Walking-Instruktoren oder Nordic-Walking-Mastertrainern häufig nicht bekommen. Denn gerade beim Thema Gewichtsreduktion und Nordic Walking kommt es nicht nur auf sportliche Erfahrungen im Ausdauerbereich an, sondern mindestens genauso auf orthopädische Kenntnisse. Hier können Sie die meisten Fehler machen. Fehler, die dazu führen, dass Sie langfristig keinen Spaß an Nordic Walking haben, weil Überlastungen, Verspannungen oder sogar Schmerzen auftreten werden. Es geht aber nicht nur um eine unfunktionelle Ausführung der Nordic-Walking-Technik, die häufig zu Schmerzen führen kann. Es geht auch darum, dass Sie sich natürlich mit einem funktionell richtigen Bewegungsablauf koordinierter und energieschonender bewegen und dadurch schneller an Leistungsfähigkeit gewinnen. Ein runder harmonischer Bewegungsablauf trägt viel mehr zum psychischen und physischen Wohlbefinden bei, als eine Bewegung, die mit viel Kraft und mühseligem Technikaufwand durchgeführt wird.

Die Technik – Worauf Sie achten sollten

TIPP

Falls Sie nicht in Eigenregie mit Nordic Walking beginnen wollen, dann erkundigen Sie sich auf der Internet-Seite des Deutschen Walking Instituts (DWI) (www.walking.de) nach geschulten Nordic Walking-Kursleitern, Nordic-Walking-Lehrern oder sogar Nordic-Walking-Therapeuten. Diese sind nach neuesten wissenschaftlichen Erkenntnissen – auch zum Thema Gewichtsreduktion – geschult und bringen die methodischen Voraussetzungen für eine orthopädisch einwandfreie Technik mit. Unter Ihrer Postleitzahl finden Sie entsprechende DWI-Experten in einer Datenbank.

1. Mein Abrollen des Fußes

Wo setzt mein Fuß auf dem Boden auf?

- Steil auf der Fersenkante (falsch),
- **eher flächig auf der Ferse (richtig),**
- im Mittelfußbereich (nicht ideal),
- auf dem Fußballen (falsch).

Fehler
Folge des zu steilen Aufsetzens auf der Ferse sind Schienbein-, Knie-, Hüftgelenk- und Rückenschmerzen. Besonders die Schienbeinprobleme sind beim

Oben: In schöner Umgebung schafft Nordic Walking besonders gute Laune.

Unten: Falsch: zu steiles Aufkommen auf der Fersenkante

Oben: Richtig: flächiges Aufkommen auf der Ferse

Mitte: Wichtig: ein bewusstes Abdrücken vom Fußballen ...

Unten: ... stabilisiert Sprung-, Knie- und Hüftgelenk

(Nordic)Walken häufig zu beobachten. Diese sollten nach vier Wochen regelmäßigen (Nordic)Walkens vollständig verschwunden sein. Ist das nicht der Fall, liegt es sehr wahrscheinlich an der falschen Technik: ein zu steiles Aufkommen auf der Fersenkante und ein zu langer Schritt!

Lösung
Setzen Sie also flächiger auf der Ferse auf und konzentrieren Sie sich darauf, Ihre Schritte bewusst kürzer zu halten. Das schont nicht nur Ihren Rücken, sondern besonders die Knie- und Hüftgelenke.

Wie rollt der Fuß ab?

- Ganz gerade über das Längsgewölbe (nicht ideal),
- **beginnend über die Außenkante, dann auf den Fußballen (richtig),**
- über die Innenkante (falsch).

Fehler
Folgen des Innenkantenlaufs können sein: Schmerzen im Kniegelenk, Hüftgelenk, Iliosakralgelenk (Übergang vom Becken zur Wirbelsäule) sowie im Lendenwirbelsäulen-Bereich. Das kann auch auftreten, wenn der Innenkantenlauf nur bei einem Fuß beobachtet wird. Anhand der Abriebstellen der Straßenschuhe kann ein falsches Gangbild häufig bestätigt werden.

Lösung
Wenn Sie die Wahrnehmung haben, über die Innenkante abzurollen, dann lassen Sie

das vom Arzt oder Physiotherapeuten überprüfen. Eventuell können Einlagen Überlastungen verhindern und Schmerzen lindern. Diese sollten allerdings vom Schuh-Orthopädie-Fachhandel an das individuelle Fußgewölbe angepasst sein. Dazu wird die Fußbelastung am Boden über eine Messplatte gemessen. Zusätzlich ist eine kräftigende Fuß- und Beingymnastik zu empfehlen, um das Fußgewölbe und das Kniegelenk zu entlasten. Viel Barfußgehen wirkt sehr unterstützend.

2. Was machen meine Knie?

Sind meine Knie immer leicht gebeugt oder auch mal gestreckt?

Falls Ihre Knie immer leicht gebeugt sind, ist das in Ordnung und richtig. Falls Sie eine Streckphase feststellen sollten, ist das Knie gestreckt,
- **wenn Sie den hinteren Fuß vom Boden abdrücken (richtig)** oder
- wenn Sie den Fuß vorne aufsetzen (falsch)?

Fehler
Ein kapitaler Fehler, der besonders beim Nordic Walking immer wieder sichtbar wird, ist die Kniestreckung vorne beim Auftreffen auf dem Boden. Ursache dafür kann sein, dass Sie zu lange Schritte machen. Aber auch Personen mit einer zu schwachen Oberschenkelmuskulatur neigen dazu, das Bein mit gestrecktem Knie vorne aufzusetzen.

Oben: Falsch: Kniestreckung vorne beim Fußaufsetzen

Unten: Richtig: Vorne ist das Knie immer leicht gebeugt.

Lösung
Um diesen Fehler zu korrigieren, sollte man ab und zu versuchen, leiser zu gehen, ohne dabei das Abrollverhalten des Fußes oder die Geschwindigkeit zu verändern. Wenn Sie versuchen, leiser zu gehen, werden Sie merken, wie Sie die Knie vorne eher gebeugt halten. Das wird zu Anfang sicherlich erst einmal etwas anstrengend sein. Auf Dauer schützt es Sie aber vor Kniegelenk-, Hüftgelenk- und Rückenbeschwerden!

Achtung!
Gerade in Verbindung mit der Armschwungbewegung und den Stöcken in den Händen fühlt man sich veranlasst, die Schritte größer zu machen. Achten Sie vor allem bei vorhandenen Gelenkbeschwerden umso mehr darauf, die Knie vorne beim Fußaufsetzen leicht gebeugt zu halten!!

3. Der richtige »Rumpf-Dreh«

Bewegen sich nur die Arme und Beine oder dreht der Schultergürtel aktiv gegen den Beckengürtel?

Schultergürtel und Beckenachse bewegen sich diagonal zueinander.

- **Mein Schultergürtel bewegt sich diagonal zu meiner Beckenachse (richtig).**
- Die Arme und Beine bewegen sich, aber mein Oberkörper bleibt bewegungslos (falsch).

Die richtige Oberkörperbewegung zeichnet sich dadurch aus, dass sich bei jedem Schritt die Beckenachse gegen die Schulterachse verdreht. Diese Mini-Rotationen fördern die Stabilisation der Wirbelsäule und die Leichtigkeit und Eleganz der Bewegung. Setzt der rechte Fuß vorne auf, wird auch die rechte Hüfte mit nach vorne geschwungen. Um diese Rotation auszugleichen, wird gleichzeitig das linke Schultergelenk und damit der linke Arm (Stock) mit nach vorne geführt. Diese minimale aber effiziente Oberkörperrotation bringt den Stock weit genug nach vorne, um sich dennoch kräftig mit dem Stock abdrücken zu können.

Fehler
Wird der Oberkörper dagegen steif gehalten und bleibt auch der Schultergürtel eher unbewegt, wird Nordic Walking keinen Beitrag zur sinnvollen Kräftigung der Rücken- und Bauchmuskulatur leisten können. Im Gegenteil: Nacken- und Rückenprobleme werden eher zunehmen, weil wieder mal weniger bewegt wird, sondern mehr gehalten werden muss.

Lösung
Wichtig ist, dass man sich der Mitbewegung und gleichen Bewegungsrichtung von

zum Beispiel rechter Hüfte und linker Schulter bewusst wird: Beide Körperteile bilden ein Paar! Dann nämlich werden die tiefliegendsten Muskelschichten der Bauch- und Rückenmuskulatur aufgefordert zur Stabilisation der Wirbelsäule beizutragen.

4. Der richtige Arm- und Stockeinsatz

Wohin schwingen die Arme und wo setzt der Stock ein?

- **Die Arme schwingen weit nach hinten und der Stock setzt hinter dem Körper ein (richtig).**
- Die Arme schwingen weit nach vorne oben und der Stock setzt am vorderen Fuß ein (falsch).

Um beim Nordic Walking den Schulter- und Nackenbereich entspannen zu können, sollte man einen aktiven Arm-Rückschwung beherzigen. Die Bewegung des Armes samt Stock nach vorne wird über die Schulterachsenrotation geleistet. Es kommt zu keinem Anheben des Armes! Besonders der Stockschwung nach hinten kann Verspannungen im Schulter-Nacken-Bereich lösen. Genau hier sollten die Handschlaufen sinnvoll eingesetzt werden: Die Finger öffnen sich, der Stock wird per Handschlaufe kontrolliert zurückgeschwungen, der Arm schwingt locker nach hinten aus.

Fehler
Ein Fehler, der besonders bei falscher Ausführung des Stockeinsatzes auftritt, ist das Hochziehen der Schultern und damit die Überbelastung des Nackens. Eine wesentliche Ursache dafür ist, dass auch im Alltag ein falsches Bewegungsmuster beim Anheben der Arme vorherrscht: Das Anheben der Arme wird meistens mit Hilfe der Nackenmuskeln geleistet, obwohl dieses nicht ihre Aufgabe wäre. So kommt es beim Anheben des Stockes nach vorne/oben (= falsche Technik) gerne zu dieser Mit- und Überbeanspruchung der Nackenmuskeln. Besonders intensiv wird diese Fehlbelastung im Moment des Stockabdrucks. Auf keinen Fall dürfen die Stöcke vor den Kör-

Richtig: der Ausschwung nach hinten
Falsch: das Aufsetzen des Stockes am vorderen Fuß

per gesetzt werden. Dadurch wird nämlich die fortführende Bewegung unterbrochen und es kommt eine abgehackte Fortbewegung zu Stande.

Lösung
Achten Sie darauf, dass mit dem Abdrücken des Stockes vom Boden die Schulterblätter Richtung Gesäß nach unten gezogen werden. Mit dem Stockabdruck sollte es zu einem Gefühl der Brustkorbaufrichtung und des »langen« Nackens kommen.

Achtung!
Falls Sie den Schritt verlängern wollen, um den Armschwung nach hinten zu forcieren, achten Sie darauf, dass Ihre Knie vorne trotzdem leicht gebeugt sind! Besser wäre es, wenn Sie den Schritt nach hinten verlängern würden: Das heißt, sie sollten versuchen, das Abdruckbein hinten eine kleine Nuance länger am Boden stehen zu lassen bzw. sich besonders intensiv mit dem Fußballen am Boden abzudrücken. Dadurch richten Sie sich nicht nur besser auf, sondern haben auch mehr Zeit, den Stock nach hinten »laufen« zu lassen. Außerdem empfiehlt es sich, eher einen etwas kürzeren Stock zu kaufen als einen laut Hersteller passenden. Dadurch ist mehr Zeit für die Schwungphase.

Step by Step jetzt in die Praxis

Oben: Richtig: Zusammen mit dem Stockabdrücken werden die Schulterblätter abwärts gezogen.

Unten: Falsch: Überbelastung des Nackens bei falschem Muskeleinsatz

Step 1: Schlüpfen Sie in Ihre Handschlaufen. Halten Sie die Stöcke gar nicht fest. Walken Sie jetzt los, als hätten Sie keine Stöcke in Händen! Die Arme hängen dabei locker an der Körperseite herab. Walken Sie bewusst locker im Schulterbereich und lassen Sie die Arme natürlich vor und zurück mitschwingen. Dieser Armschwung wird durch die *Schultergürtelrotation* ausgelöst. Merken Sie sich diese Rotation und auch den natürlichen Pendelschwung des Armes, denn mit den Stöcken wird er nur nach hinten, nicht nach vorne forciert durchgeführt.

Die Technik – Worauf Sie achten sollten

Step 2 : Konzentrieren Sie sich jetzt auf die Handschlaufen und die *Handbewegung*: Sobald Sie den rechten Arm samt Stock nach vorne gezogen haben und den Bodenkontakt der Stockspitze spüren, geben Sie Druck mit der Hand auf die Schlaufe. Beim Ausschwingen des Arms nach hinten öffnen Sie bewusst die Hand.

Step 3 : Stechen Sie jetzt den Stock bewusst gleichzeitig mit dem Aufsetzen des diagonalen Fußes am hinteren Fuß oder sogar noch weiter hinten ein – geben Sie jetzt Druck auf die Handschlaufe und den Stockgriff – und lassen Sie dann den Stock mit langem Arm locker nach hinten ausschwingen. Machen Sie das alles erst in Zeitlupentempo, um sich der Reihenfolge des Bewegungsablaufs klar zu werden.

Step 4: Versuchen Sie den Bewegungsablauf bei unterschiedlichen Walk-Geschwindigkeiten umzusetzen. Gehen Sie aber immer wieder zu der Geschwindigkeit zurück, bei der Sie den korrekten Stockeinsatz, den Armschwung und das richtige Fußabroll- und Knieverhalten noch umsetzen können!

TIPP

Verlassen Sie sich immer auf Ihren sicheren Schritt und Stand und nicht auf die Stöcke. Stützen Sie sich nämlich zu sehr auf den Stöcken ab, werden Sie sich ein falsches Gangmuster aneignen und darüber hinaus die Schulter-Nackenmuskulatur überbelasten.

Oben: Zugreifen, um sich abzudrücken …

Mitte: … und Öffnen zur Muskelentspannung.

Unten: Richtig: der Stockeinsatz am hinteren Fuß

Das 6-Monats-Programm

Jetzt geht es los – das 6-Monats-Programm zum Schlankwerden. Die Dreifach-Strategie lautet: Nordic Walking plus Muskeltraining plus Ernährungsumstellung. Wir werden Sie sechs Monate lang auf diesem Weg begleiten und Ihnen viele Hilfen geben. Trainingspläne, Muskelübungen und Ernährungstipps helfen Ihnen dabei, schlanker und gleichzeitig fitter und gesünder zu werden. Wir werden Sie anhalten, bei einem kleinen Durchhänger nicht gleich aufzugeben, sondern weiterzumachen, damit Sie nach sechs Monaten Ihr Ziel erreicht haben. Sie haben Ihr Gewicht deutlich reduziert und fühlen sich insgesamt fit und voller Energie.

Wie Sie sich vorbereiten sollten

Inzwischen wissen Sie, dass Sie für Ihr Wunschgewicht die Strategie »Ernährung« genauso verfolgen wollen wie die Strategie »Bewegung«. Um Wirkung zu erzielen, sollten wir uns zuvor drei Fragen stellen:
1. Wie viel Energie nehme ich denn im Durchschnitt täglich auf?
2. Wie viel Energie verbrauche ich im Durchschnitt täglich?
3. Wie fit bin ich eigentlich?

Jetzt befassen wir uns mit Ihrer Leistungsfeststellung. Das ist sehr wichtig, um das Bewegungsprogramm auch entsprechend auf Sie persönlich abstimmen zu können. Dazu wurde ein Walk-Test (Bös et al. 2004) entwickelt, der Ihre Fitness im Ausdauerbereich sehr gut bestimmen kann. Bevor Sie diesen Walk-Test machen, sollten Sie sich bitte folgende Fragen beantworten:

1. Sind Sie herzkrank oder haben Sie einen hohen Blutdruck?
2. Haben Sie akute Gelenkschmerzen?
3. Waren Sie in den letzten sechs Monaten ernsthaft krank?
4. Sind Sie zurzeit krank oder fühlen Sie sich unwohl?
5. Nehmen Sie herzfrequenzsenkende Medikamente, zum Beispiel Beta-Blocker?

Beantworten Sie eine der im Risikocheck aufgeführten fünf Fragen mit »ja«, sollten Sie vor der Testdurchführung einen Arzt um Zustimmung bitten. Sind Sie älter als 40 Jahre und haben Sie schon länger als zwei Jahre keinen regelmäßigen Sport getrieben, ist der Risikocheck auch vor unserem Programm ein Muss.

Der Walk-Test

Vorbereitung: Suchen Sie sich ein flaches Gelände und fahren Sie mit dem Fahrrad eine Strecke von 2000 Metern ab. Einfacher ist es, wenn Sie einen Sportplatz mit einer 400-Meter-Laufbahn aufsuchen. Dann müssen Sie fünf Runden walken. Ideal wäre es, wenn Sie eine Pulsuhr hätten. Ansonsten müssen Sie die Pulsmessung an der Handschlagader 10 Sekunden lang mit einer Uhr mit Sekundenzeiger vornehmen (dann bitte mit Sechs multiplizieren).

Aufgabe: Versuchen Sie diese Strecke von 2000 Metern maximal schnell zu walken (ohne Stöcke!). Sofort wenn Sie ankommen, messen Sie Ihren Belastungspuls und merken sich die Endzeit in Minuten und Sekunden, die Sie für diese Strecke benötigt haben.

Auswertung: Anhand der Tabellen können Sie dann – nach Überprüfung Ihres Belastungspulses – Ihr Fitnessniveau einordnen.

WALK-TEST

ALTER	UNTERDURCHSCHNITTLICH		DURCHSCHNITTLICH		ÜBERDURCHSCHNITTLICH	
	MÄNNER	FRAUEN	MÄNNER	FRAUEN	MÄNNER	FRAUEN
20	> 15:15	> 17:15	15:15–13:45	17:15–15:45	> 13:45	> 15:45
25	> 15:30	> 17:22	15:30–14:00	17:22–15:52	> 14:00	> 15:52
30	> 15:45	> 17:30	15:45–14:15	17:30–16:00	> 14:15	> 16:00
35	> 16:00	> 16:37	16:00–14:30	17:37–16:07	> 14:30	> 16:07
40	> 16:15	> 17:45	16:15–14:45	17:45–16:15	> 14:45	> 16:15
45	> 16:30	> 17:52	16:30–15:00	17:52–16:22	> 15:00	> 16:22
50	> 16:45	> 18:00	16:45–15:15	18:00–16:30	> 15:15	> 16:30
55	> 17:00	> 18:07	17:00–15:30	18:07–16:37	> 15:30	> 16:37
60	> 17:15	> 18:15	17:15–15:45	18:15–16:45	> 15:45	> 16:45
65	> 17:45	> 18:30	17:45–16:15	18:30–17:00	> 16:15	> 17:00
70	> 18:00	> 18:45	18:00–16:45	18:45–17:15	> 16:45	> 17:15

Für jede Altersgruppe sind je drei Gehzeiten bzw. -intervalle angegeben. In der Mitte stehen die Zeiten, die von den Testpersonen durchschnittlich erzielt wurden, links davon die eher unterdurchschnittlichen, rechts die eher überdurchschnittlichen Ergebnisse.

Wichtig ist auch die Pulsfrequenz! Die Gehzeit, alleine betrachtet reicht nicht aus, um das Testergebnis zu bewerten. Wichtig ist es, die Gehzeit im Verhältnis zum Belastungspuls zu sehen. Der Belastungspuls dient als Richtschnur für die Bewertung der Walking-Testleistung: Beim Walking-Test sollte ein Testpuls von 80 bis 95 Prozent der maximalen Herzfrequenz erreicht werden. In der folgenden Tabelle findet sich das ideale Testpulsintervall, je nach Altersgruppe angegeben. Sind Sie mit einem geringeren Puls gelaufen, ist davon auszugehen, dass Sie sich nicht voll belastet haben. Entsprechend ist auch die Bewertung Ihrer Walk-Zeit nicht ganz ehrlich. Vielleicht probieren Sie es an einem anderen Tag noch einmal.

BEWERTUNG DER PULSFREQUENZ

ALTER	TESTPULSWERT 80–95 % MAXIMALPULS
20	160–190
25	156–185
30	152–181
35	148–176
40	144–171
45	140–166
50	136–162
55	132–157
60	128–152
65	124–147
70	120–143

Wie viel Energie verbrauchen Sie pro Tag?

Wenn Sie nicht zunehmen wollen, müssen sich Energieaufnahme und -verbrauch die Waage halten. Wollen Sie abnehmen, müssen Sie mehr Energie verbrauchen, als sie über das Essen zu sich nehmen.
Um Ihre persönliche Energiebilanz besser einschätzen zu können, sollten Sie zunächst errechnen, wie viel Energie Sie verbrauchen. Natürlich ist es nicht möglich, Ihren Verbrauch auf die einzelne Kalorie exakt festzustellen. Einige Formeln helfen dabei, den Bedarf grob zu ermitteln.
Der Energiebedarf setzt sich aus Ihrem Grundumsatz und dem Leistungsumsatz zusammen. Der Grundumsatz ist abhängig von Gewicht und Alter. Der Leistungsumsatz hängt von der Art und Intensität Ihrer täglichen Aktivitäten ab.

Energieverbrauch =
Grundumsatz + Leistungsumsatz

Ermitteln Sie Ihren täglichen Energieverbrauch

Frauen ermitteln ihren persönlichen Grundumsatz in der linken, Männer in der rechten Grafik. Zeichnen Sie von Ihrem Körpergewicht ausgehend eine Senkrechte nach oben, bis Sie auf die Linie treffen, die Ihrem Alter entspricht. Dann gehen Sie auf dieser Höhe nach links und können dort Ihren Grundumsatz pro Tag ablesen. Sie sehen also wie viele Kalorien Sie pro Tag in Ruhe verbrauchen.
Ihren persönlichen Leistungsumsatz, also die Energie, die Sie täglich durch körperliche Aktivität verbrauchen, können Sie ausrechnen. Dazu sollten Sie eine Woche lang Ihre körperlichen Aktivitäten notieren und am Ende eines jeden Tages den gesamten Kalorienverbrauch durch Bewegung anhand der auf Seite 47 aufgeführten Tabelle zusammenzählen. Der tägliche Leistungsumsatz kann stark variieren. Deshalb bestimmen Sie einen Mittelwert: Addieren Sie den Leistungsumsatz der sieben Tage und teilen Sie den Wert durch 7. Das Ergebnis

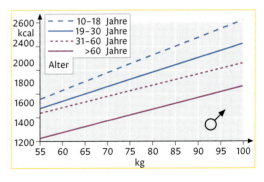

KALORIENVERBRAUCH (KCAL) IN 15 MINUTEN IM ALLTAG

TÄTIGKEIT	55 kg	65 kg	75 kg	85 kg	95 kg
Sitzen	17	20	24	27	30
Büroarbeit	19	22	26	29	33
Mittelschwere Arbeit (z. B. Verkäufer, Automechaniker)	26	30	35	40	44
schwere Arbeit (z. B. Maurer, Dachdecker)	35	41	47	54	60
Putzen	51	60	71	78	89
Rasenmähen	54	64	79	84	94

KALORIENVERBRAUCH (KCAL) IN 15 MINUTEN BEIM NORDIC WALKING UND BEIM MUSKELTRAINING

TÄTIGKEIT	55 kg	65 kg	75 kg	85 kg	95 kg
Nordic Walking (normal)	69	80	93	107	119
Nordic Walking (zügig)	89	105	122	139	153
Muskeltraining	96	113	131	149	165

ist Ihr durchschnittlicher Leistungsumsatz pro Tag.
Nun rechnen Sie:

> **Grundumsatz (siehe Grafik) + durchschnittlicher Leistungsumsatz (s. o.) = Gesamtenergieverbrauch pro Tag**

Mit dieser Methode erhalten Sie einen groben Überblick über Ihren eigentlichen Energiebedarf.

Der Energieverbrauch während einer körperlichen Aktivität ist von Ihrem Gewicht abhängig ist. Das bedeutet: Je schwerer Sie sind, umso mehr Kalorien verbrauchen Sie. Für Sie gilt die Angabe in der Spalte, die Ihrem Gewicht am nächsten kommt.

Faustformel zur Berechnung des Gesamtenergiebedarfs pro Tag

Sie können mit einer Faustformel überschlagsweise Ihren Energieverbrauch berechnen. Dazu müssen Sie Ihren Grundumsatz (siehe Grafik) mit einem persönlichen Leistungsfaktor multiplizieren:
Für Personen mit Sitz- oder Stehberuf, die keinen oder nur wenig Sport treiben: Grundumsatz x Leistungsfaktor 1,5
Für Personen, die tagsüber mäßig aktiv sind, sich im Alltag häufiger bewegen und ab und zu Sport treiben: Grundumsatz x Leistungsfaktor 1,7
Für Personen mit schwerer körperlicher Arbeit oder die öfter als vier Mal pro Woche Sport treiben: Grundumsatz x 2,0.

Wie viel Energie nehmen Sie zu sich?

Nun können Sie grob einschätzen, wie viel Energie Sie pro Tag verbrauchen. Das ist wichtig, denn viele Menschen neigen dazu, ihren tatsächlichen Energieverbrauch stark zu überschätzen. Um festzustellen, wie viele Kalorien Sie im Vergleich dazu in etwa zu sich nehmen, müssen Sie wissen, wie viel Energie in welchem Lebensmittel steckt. In der folgenden Tabelle können Sie den Energiewert einiger Lebensmittel ablesen. Eine umfangreichere Kalorientabelle finden Sie im Internet unter: www.aok.de

Wahrscheinlich essen Sie nicht jeden Tag gleich viel. Bei den meisten Menschen variiert die Essmenge von Tag zu Tag. Wenn Sie einen groben Überblick über Ihre Energiebilanz bekommen wollen, ist es sinnvoll, eine Woche lang, Ihre Energiezufuhr genau zu beobachten. Führen Sie Tagebuch. Schreiben Sie auf, welche Lebensmittel Sie an einem Tag essen und welche Getränke Sie zu sich nehmen. Errechnen Sie anhand der Tabelle, welche Energie in den Lebensmitteln und Getränken steckt, die Sie zu sich genommen haben. Zählen Sie am Ende des Tages alle Kalorien zusammen. Machen Sie das sieben Tage lang und errechnen Sie am Ende der Woche Ihre durchschnittliche Kalorienaufnahme pro Tag: Addieren Sie die Kalorienzufuhr der sieben Tage und teilen Sie die Gesamtmenge anschließend wieder durch 7.

Energiebilanz: positiv oder negativ?

Nun kennen Sie also Ihre Energiebilanz. Sie wissen, wie viele Kalorien Sie pro Tag in etwa verbrauchen und Sie wissen auch, wie viel Energie Sie über Essen und Trinken zu sich nehmen. Wie sieht Ihre persönliche Bilanz aus? Wenn Sie mehr Energie aufnehmen, als Sie verbrauchen, haben Sie eine positive Energiebilanz und Sie nehmen langfristig immer weiter zu, wobei sich kleine Überschreitungen summieren. Dies können Sie ab sofort ändern, indem Sie sich mehr bewegen und weniger energiereich ernähren. Auf den folgenden Seiten werden wir Sie auf diesem Weg begleiten.

KALORIENTABELLE

LEBENSMITTEL	KILOKALORIEN
Cornflakes, 10 g, 5 EL	35
Müsli-Mischung, 50 g, 1 Portion	188
Reis gekocht, 150 g, 1 Portion	156
Bockwurst, 125 g	344
Bratwurst, Currywurst, 150 g	444
Brühwürstchen, 100 g	283
Cheeseburger, 120 g	317
Fleischkäse, gebraten, 150 g	402
Frikadelle, 125 g	228
Frühlingsrolle	387
Germknödel, 200 g	646
Hähnchen, gegrillt, 250 g	570
Hähnchenschnitzel, paniert, 125 g	253
Toast Hawaii, 150 g	452
Fruchtjogurt, vollfett, 150 g	152
Fruchtzwerg, 50 g	74
Kuhmilch, 3,5 %, 0,2 l	128
Cervelatwurst, 25 g	94
Leberwurst, fein, 30 g	107
Kochschinken, 30 g	38

Aus: www.aok.de/bund/tools/kalorienrechner

Wie Sie Ihr Ziel erreichen: der optimale Trainingsablauf

Sie werden demnächst in Ihr Nordic-Walking-Programm einsteigen. Vor jedem Training beginnen Sie mit Aufwärmübungen. Diese sind nicht nur wichtig, um etwaigen Verletzungen vorzubeugen. Viel wichtiger ist es, Ihr Herz-Kreislauf-System zu schützen. Genauso wenig wie es einem Dieselmotor gut tut, gleich auf hohe Drehzahlen gepeitscht zu werden, tut es Ihrem Herzen gut, das zähflüssige Blut durch die noch verengten Gefäße zu pressen. Mit dem Aufwärmen wird Ihr Blut dünnflüssiger und belastet Ihre Gefäße und auch Ihr Herz weniger. Lassen Sie sich also zu Anfang immer mindestens 10 Minuten Zeit, um sich an die erhöhten koordinativen Anforderungen, die Muskelbelastung, die Außentemperatur und die sich daraus ergebende Beanspruchung zu gewöhnen. Dafür wird nicht nur Ihr Herz dankbar sein, sondern auch die Muskeln, Sehnen und Bänder passen sich dann besser an das bevorstehende Training an. Sie trainieren effektiver.

Unterschätzen Sie auch nicht die Wirkung des Cool-downs. Lassen Sie sich die letzten Minuten des Trainings Zeit, bewusst langsamer zu walken, die Muskeln zu lockern, wieder tief Atem zu holen und die Natur zu genießen. So regenerieren Sie schneller und effektiver. Und die nächste Trainingseinheit kann wesentlich besser wirken!

Achtung! Dehnübungen ersetzen das Aufwärmen und langsame Auswalken nicht. Sie dienen der Gelenkhygiene und nicht in erstem Maße der Regeneration.

Nehmen Sie dagegen einen unvollkommen regenerierten Körper mit in das folgende Training, kann es sein, dass Sie verletzungs- und auch infektanfälliger werden. Regeneration ist die beste Vorbereitung für das nächste Training.

IHR AUFWÄRMPROGRAMM

Wir stellen Ihnen jetzt hier ein standardisiertes Aufwärmprogramm zusammen, welches Sie vor dem eigentlichen Training durchführen sollten.

»Stempeln«

1 Sie stützen sich nur leicht auf beiden Stöcken ab. Jetzt rollen Sie einen Fuß bewusst von der Ferse über die Außenkante auf den Fußballen vorne ab. Geben Sie dabei ruhig richtig Druck in den Boden, als wenn Sie den Boden »stempeln« wollten. Das schärft Ihre Fußsinne und mobilisiert Ihr Sprunggelenk. Führen Sie diese Abrollbewegung 10 Mal pro Fuß ganz bewusst durch.

»Hochdruck«

2 Jetzt üben Sie mit »Hochdruck«. Probieren Sie, sich mit beiden Füßen gleichzeitig von den Fersen auf die Fußballen hochzudrücken und dort einen Moment das Gleichgewicht zu halten. Dann senken Sie sich langsam wieder ab. Setzen Sie dabei bewusst die Sprunggelenke ein. Wenn Sie können, probieren Sie diese Übung, ohne sich auf den Stöcken abzustützen, sondern diese mittig zu halten. Und ganz besonders effektiv, aber auch schwierig ist es, dabei noch die Augen zu schließen.

»Side-Steps«

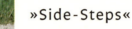

3 Jetzt stellen Sie die Stöcke weit links und rechts auf. Ohne zu springen, wechseln Sie mit kompletter Gewichtsverlagerung auf das linke bzw. rechte Bein ein Mal nach links und das nächste Mal nach rechts. Die Knie werden dabei auf der linken bzw.

rechten Seite jeweils gebeugt und während des Übergangs von links nach rechts gestreckt. Wenn Sie keine Gelenkprobleme haben, können Sie die Side-Steps auch springen.

»Das Sieb schütteln im kurzen Fuß«

4 Diese Übung dient vor allem der Stabilisation Ihrer Wirbelsäule. Die Muskeln, die hierbei angespannt werden, sichern Ihnen die Bandscheiben und entlasten Ihre Gelenke im Rückenbereich. Dazu stehen Sie mit leicht gebeugten Knien etwa beckenbreit und versuchen mit Ihren Füßen den Boden auseinander zu spannen. Jetzt ziehen Sie die Bauchdecke von unten nach innen zur Wirbelsäule ein und, wenn möglich, spannen Sie zusätzlich Ihre Beckenbodenmuskulatur an. Die Hände ziehen in Brustbeinhöhe den schulterbreit gefassten Stock aktiv auseinander. Die Schulterblätter werden Richtung Becken nach unten fixiert. Jetzt endlich bewegen Sie den Stock mit Hilfe der Arme in minimalen Ausschlägen schnell hin und her (links und rechts), als wenn Sie ein »Sieb schütteln« wollten.

»Swinging«

Halten Sie Ihre Stöcke jetzt mittig, walken Sie in langsamer Geschwindigkeit los und machen Sie dabei folgende Aufwärmübungen für den Schulterbereich:

5 Die Stöcke im Diagonalschwung weit vor- und zurückschwingen, die Arme dabei lang lassen, die Rotation des Oberkörpers durchaus zulassen!
6 Beide Stöcke an der Seite gleichzeitig locker hoch – und runterführen.

Die Arme lang an der Seite hängen lassen und nur die Schultern rückwärts kreisen (ohne Bild).

IHR ABWÄRMPROGRAMM

Genauso wichtig wie das Aufwärmen, ist das Abwärmen. Es dient der schnelleren Erholung und sollte in seiner Wirkung nicht unterschätzt werden. Je besser Sie den Ausklang Ihrer Einheit gestalten, desto schneller erholt sich Ihr Körper und desto effektiver ist das Training. Deshalb verwenden Sie bei jeder Trainingseinheit mindestens 5 bis 10 Minuten auf das Erholen und Abwärmen. Noch bevor Sie wieder an Ihrem Ausgangspunkt angelangt sind, sollten Sie Ihre Geschwindigkeit drosseln, bewusst Atemübungen durchführen und die Stöcke locker mittig mitschwingen. Zum Ende der Trainingseinheit können Ihnen Dehnübungen ein gutes Muskelgefühl verschaffen, sodass Sie sich nach dem Training beinahe erholter fühlen als vor dem Training. Die folgenden Übungen helfen Ihnen, sich schneller zu regenerieren.

»Den Atem spüren«

1 Versuchen Sie jetzt beim langsamen Walken, so tief wie möglich in den Körper einzuatmen und bewusst länger auszuatmen, als einzuatmen. Dabei nehmen Sie einmal ganz bewusst wahr, wohin Sie atmen, in den Brust- oder in den Bauchraum? Versuchen Sie mit zunehmender Erholung tief in den Bauchraum zu atmen. Wiederholen Sie etwa 10-15 Atemzyklen in dieser Form.

»Atmen und entspannen«

2 Versuchen Sie jetzt, mit der Einatmung den Schultergürtel hoch zu den Ohren zu ziehen. Mit einer stoßartigen Ausatmung dann allerdings den Schultergürtel abrupt und bewusst fallen zu lassen. Spüren Sie die Lockerheit im Schulter- und Nackenbereich?

»Die Wadendehnung«

3 Stellen Sie sich frontal zum Beispiel zu einem Laternenpfahl oder Baum und stützen Sie sich an ihm ab. Jetzt stehen Sie in weiter Schrittstellung und wenn möglich befindet sich der Fußballen des hinteren Fußes auf/an einer Erhöhung (Bordsteinkante, kleiner Ast, Stein oder Ähnliches) und die Ferse auf dem Boden. Ist keine Erhöhung vorhanden, werden die Zehen des hinteren Fußes im Schuh aktiv nach oben gehoben. Jetzt verlagern Sie Ihr Gewicht so weit wie möglich auf den vorderen Fuß. In diesem Moment spüren Sie Ihre Wadenmuskulatur. Versuchen Sie 10 bis 20 Sekunden lang das Knie des hinteren Beines kurz aufeinander folgend immer wieder zu beugen und zu strecken. Dadurch werden die Gefäße nicht so stark eingeengt und der Bluttransport kann gut funktionieren.

»Die Schienbeinmuskeldehnung«

4 Sie stehen wie bei der Wadendehnung abgestützt in Schrittstellung. Das Standbein steht leicht gebeugt vorne und der Fußrist des hinteren Beines wird so weit wie möglich, nach hinten auf den Boden aufgelegt. Versuchen Sie jetzt 5 bis 10 Sekunden lang, den Fußrist in Richtung Boden nach unten zu drücken und ihn statisch, das heißt ohne tatsächliche Bewegung nach vorne zu ziehen. Das wiederholen Sie pro Bein drei Mal.

»Die vordere Oberschenkelmuskeldehnung«

5 Stützen Sie sich mit einer Hand auf einem aufgestellten Stock ab, um das Gleichgewicht besser halten und um sich so besser auf die Dehnung konzentrieren zu können. Das Standbein ist leicht gebeugt. Jetzt fassen Sie den Fußrist des zu dehnenden Beins und ziehen Ihren Oberschenkel nach hinten oben hoch, bis Sie eine eindeutige Dehnung im vorderen Oberschenkel spüren. Dabei bleibt der Rumpf unbedingt aufgerichtet. Gleichzeitig wird die Gesäßmuskulatur fest angespannt. Jetzt drücken Sie den Fußrist wieder leicht in die Hand zurück, dabei werden Sie spüren, dass der subjektive Dehnschmerz etwas nachlässt. Halten Sie diese Spannung 5 bis 10 Sekunden und wiederholen Sie diese Übung pro Bein zwei bis drei Mal.

TIPP

6 Falls es Ihnen auf Grund von Knieproblemen schwer fallen sollte, mit der Hand den Fußrist zu umfassen und den Oberschenkel nach hinten oben anzuheben, dann besorgen Sie sich ein Theraband. Dieses Latexband ist in jedem Sportfachhandel inzwischen günstig zu erstehen und ist für viele weitere Dehn- und Kräftigungsübungen sehr gut einzusetzen. Das Theraband wird im Falle der Oberschenkeldehnung um den Fuß gewickelt. So können Sie Ihren Oberschenkel bequem nach hinten oben hochziehen.

So verlieren Sie Ihre Pfunde: das 6-Monats-Programm

Jetzt geht's los. Für jeden Monat wird Ihnen ein Nordic-Walking-Programm vorgestellt. Darüber hinaus begleiten wir Sie bei einem ergänzenden Muskeltraining und geben außerdem Tipps zur Ernährung und zu den Themen Psyche und Gewichtsmanagement.

Der erste Monat

Zu Anfang soll es darum gehen, gezielt die Fettverbrennung in Gang zu setzen. Dazu müssen Sie Ihre Belastung gezielt steuern. Sie können das auf zwei verschiedene Arten tun:
1. Sie walken nur so schnell, dass Sie sich ohne außer Atem zu kommen, noch unterhalten können, nach dem Motto: *Walking und Talking*. Bitte beachten Sie: Schwitzen dürfen/sollten Sie trotzdem!
2. Sie walken in einem bestimmten Herzfrequenzbereich, in dem sichergestellt ist, dass Sie mehrheitlich Fette verbrennen. Um diesen Fettverbrennungsbereich individuell bestimmen zu können, brauchen Sie Ihre Ruhe-Herzfrequenz, die Sie morgens direkt nach dem Aufwachen, noch im Bett liegend, messen können. Die Messung können Sie entweder per Hand (mit dem Zeige- und Mittelfinger an der Handschlagader) oder mit Hilfe eines Pulsmessgerätes vornehmen. Am genauesten bestimmen Sie Ihre Ruhe-Herzfrequenz, indem Sie sie eine ganze Woche morgens messen und am Ende dieser Woche den Durchschnitt (also dividiert durch 7) errechnen. So können Sie Fehlmessungen minimieren.

Wir haben Ihnen eine Tabelle zusammengestellt, anhand derer Sie Ihren individuellen Mindest- und Höchst-Trai-

Pulsmessung an der Handschlagader mit Zeige- und Mittelfinger

TRAININGSBEREICHE BEISPIEL FRAUEN

Alter	max. Herzfrequenz-Bereich	Ruhe-Herzfrequenz-Bereich	Trainings-Herzfrequenz-Bereich min	Trainings-Herzfrequenz-Bereich max	Ruhe-Herzfrequenz-Bereich	Trainings-Herzfrequenz-Bereich min	Trainings-Herzfrequenz-Bereich max	Ruhe-Herzfrequenz-Bereich	Trainings-Herzfrequenz-Bereich min	Trainings-Herzfrequenz-Bereich max
30	190	60	138	164	65	140	165	70	142	166
35	185	60	135	160	65	137	161	70	139	162
40	180	60	132	156	65	134	157	70	136	158
45	175	60	129	152	65	131	153	70	133	154
50	170	60	126	148	65	128	149	70	130	150
55	165	60	123	144	65	125	145	70	127	146
60	160	60	120	140	65	122	141	70	124	142
65	155	60	117	136	65	119	137	70	121	138
70	150	60	114	132	65	116	133	70	118	134
75	145	60	111	128	65	113	129	70	115	130

ningspuls ablesen können. Schauen Sie bei Ihrer Altersklasse und der entsprechenden Ruhe-Herzfrequenz nach und Sie werden den für Sie im Augenblick optimalen Trainings-Herzfrequenzbereich finden. Männer können beim Trainingsherzfrequenzbereich generell fünf Pulsschläge hinzuzählen.

> Ziel des 1. Monats ist die Steigerung Ihrer Fettverbrennung und allgemeinen Ausdauer.

Nachdem Sie ja bereits Ihren Walk-Test gemacht und festgestellt haben, ob Sie eher unter-, über- oder durchschnittlich fit sind, können Sie jetzt auch das von Ihnen in der Tabelle abgelesene Belastungsintervall individuell anwenden:

1. Bei der Feststellung eines unterdurchschnittlichen Niveaus halten Sie sich an die untere Grenze des Trainingsherzfrequenzbereichs. Beispiel: Sie sind 40 Jahre alt und haben eine Ruheherzfrequenz von 60 Schlägen pro Minute. Dann sollten Sie sich in diesem Monat mit einem Puls von etwa 132 Schlägen pro Minute belasten (Männer mit ca. 137 Schlägen).

2. Bei der Feststellung eines durchschnittlichen Niveaus halbieren Sie das Intervall und addieren das »halbe« Intervall zur unteren Grenze dazu. Bei obigem Beispiel würde das einen Trainigsherzfrequenzbereich von 144 Schlägen pro Minute ergeben.

3. Bei der Feststellung eines überdurchschnittlichen Niveaus dürfen Sie sich auch am oberen Grenzbereich dieses Intervalls aufhalten. Das bedeutet mit einer Pulsfrequenz von etwa 156 Schlägen zu walken. Hierbei ist ganz wichtig, dass Sie trotz der höheren Belastung nicht aus der Puste geraten und sich auch nach dem Training noch wohl fühlen und gut schlafen können!

> **TIPP**
>
> Therapeutisch geschulte Trainer, die sich auch im Bereich der Orthopädie auskennen, finden Sie in einer speziellen Therapeuten-Datenbank unter Ihrer Postleitzahl auf der Homepage des Deutschen Walking Instituts (DWI – www.walking.de).

Beachten Sie bei Ihrem Training jetzt folgende Punkte:

1. Die ersten beiden Wochen versuchen sie zwei Mal pro Woche jeweils 20 Minuten ohne Pause zu walken.
2. Sie kennen Ihre Trainingsherzfrequenz und versuchen diese auch immer mal wieder während des Trainings zu überprüfen. Bleiben Sie dafür nicht stehen, sondern versuchen Sie auch während des Messens an der Handschlagader weiter zu walken (natürlich ohne Stockeinsatz).
3. Vernachlässigen Sie weder das Aufwärm- noch das Abwärmprogramm. Beides ist für die Effektivität wichtig!
4. Sollten Sie noch keine 20 Minuten ohne Pause walken können, dann unterteilen Sie die jeweils 20 Minuten in zwei x zehn Minuten, die Sie durch eine kleine Pause von ca. zwei Minuten langsamen Gehens unterbrechen.
5. Haben Sie den Eindruck, dass Sie viel mehr leisten könnten, dann versuchen Sie gleich mit den 30 Minuten-Belastungen der dritten Woche weiterzumachen.
6. Bitte halten sie aber auf jeden Fall mindestens einen Tag Pause zwischen den Trainingseinheiten ein. Diese Pausen sind wunderbar mit unserem Muskeltraining zu überbrücken.

IHR TRAININGSPROGRAMM FÜR DEN 1. MONAT

Häufigkeit	Dauer	Intensität	Aufwärmprogramm 10 Minuten	Abwärmprogramm 10 Minuten
1. Woche: 2 x pro Woche	20 Minuten ohne Pause Nordic Walking	Mit Ihrer individuellen Belastung (nach Alter, Ruhe-Herzfrequenz und Abschneiden beim Walk-Test)	1. Stempeln 2. Hochdruck 3. Side-Steps 4. Das Sieb schütteln 5. Swinging	1. Den Atem spüren 2. Atmen und Entspannen 3. Wadendehnung 4. Schienbeindehnung 5. Oberschenkeldehnung vorne
2. Woche: 3 x pro Woche	s.o.	s.o.	s.o.	s.o.
3. Woche: 2 x pro Woche	30 Minuten ohne Pause Nordic Walking	s.o.	s.o.	s.o.
4. Woche: 3 x pro Woche	30 Minuten ohne Pause Nordic Walking	s.o.	s.o.	s.o.

Sanftes Muskeltraining

Beim Nordic Walking verbrennen Sie Kalorien und trainieren Ihren Fettstoffwechsel. Um die Figur zu formen, ist es jedoch wichtig, gleichzeitig die Muskeln zu kräftigen. Wir beginnen im ersten Monat mit einem sanften Muskeltraining, das Sie mit Ihrem Nordic-Walking-Programm kombinieren können. Sie können alle Übungen ohne großen Aufwand draußen im Stehen mit Ihren Stöcken durchführen. Dazu haben Sie zwei Möglichkeiten:

1. Sie absolvieren das Muskelprogramm direkt im Anschluss an das Nordic Walking. Das setzt allerdings voraus, dass Sie sich dazu noch fit genug fühlen.
2. Sie machen das Muskeltraining an den Tagen, an denen Sie nicht walken. Dann sollten Sie sich allerdings etwa fünf Minuten lang vorher aufwärmen. Zum Beispiel: Gehen am Platz, dabei die Knie hochziehen. Seitschritt: Setzen Sie den rechten Fuß zur rechten Seite und ziehen Sie dann den linken zum rechten heran. Dann links zur Seite und den rechten heranziehen. Immer im Wechsel.

Im ersten Monat geht es zunächst einmal darum, dass sich Ihr Körper an die Belastungen gewöhnt, deshalb sollten Sie es nicht übertreiben. Nicht nur die Muskeln, auch die Bänder, die Gelenke und Sehnen müssen sich an die neue und vielleicht ungewohnte Beanspruchung anpassen. Deshalb ist es auch kein Problem, wenn Sie am Anfang nicht die volle Wiederholungszahl von 2 x 10 schaffen. Wichtig ist jedoch, dass Sie regelmäßig trainieren und keinen Trainingstag ausfallen lassen. Nur dann werden Sie auch Fortschritte spüren.

Gut für die Figur: Nordic Walking plus Muskeltraining

> **Trainingsprogramm Muskeln für den 1. Monat**
>
> Trainieren Sie zwei Mal pro Woche. Machen Sie alle Übungen, lassen Sie – wenn möglich – keine Übung aus. Wiederholen Sie jede Übung zehn Mal. Machen Sie danach eine kurze Pause und lockern Sie Ihren Körper. Wiederholen Sie das ganze noch einmal.
>
> **2-mal pro Woche, 2 Durchgänge, 5 Übungen mit jeweils 10 Wiederholungen**

DIE MUSKELÜBUNGEN

Für die Oberschenkel

1 Die Stöcke etwas weiter als schulterbreit vor dem Körper auf den Boden aufstellen. Nun den Po langsam nach hinten schieben – so als wollten Sie sich hinsetzen – und genauso langsam wieder hochkommen. Dabei befinden sich die Fußspitzen immer vor den Knien. Der Winkel zwischen Ober- und Unterschenkel sollte nicht kleiner werden als 90 Grad, sonst schaden Sie Ihren Kniegelenken.

Für die Hüfte

2 Einen Stock auf den Boden aufsetzen und sich mit der linken Hand daran festhalten. Sie stehen auf dem linken Fuß und heben das rechte Bein langsam nach außen an – und senken es genauso langsam wieder. Halten Sie Fußspitze und Knie in einer Ebene. Machen Sie die Seitbewegung des Beins nur so weit, wie Sie den Rumpf aufrecht halten können. Wiederholungen. Machen Sie die Übung auch mit dem anderen Bein.

Für die Brustmuskeln

3 Halten Sie einen Stock etwa auf Brusthöhe vor dem Körper. Nun beide Enden des Stockes mit Kraft auseinander ziehen und dabei Spannung aufbauen. Atmen Sie flüssig weiter. Nach 3 bis 4 Sekunden die Spannung lösen und ein Mal tief durchatmen.

Für den oberen Rücken

4 Aufrecht hinstellen, die Knie leicht beugen, den Bauch anspannen. Einen Stock hinter dem Körper greifen – etwa schulterbreit, die Daumen zeigen nach außen. Nun ziehen Sie den Stock mit Spannung auseinander. Heben Sie gleichzeitig die Arme nach hinten an. Kurz halten, die Spannung spüren und dabei ausatmen. Dann den Stock wieder absenken.

Für den Rücken

5 Halten Sie einen Stock mit beiden Händen fest und ziehen Sie ihn leicht auseinander. Jetzt den Oberkörper gerade nach vorne nehmen, die Knie bleiben leicht gebeugt, der Rücken ist gerade. Heben Sie die Arme so hoch an, dass Sie sich in Verlängerung des Rückens befinden. Dann senken Sie sie wieder ganz nach unten und wiederholen die Bewegung.

Im ersten Monat – das ungesunde Fett reduzieren

Ernährungswissenschaftler haben herausgefunden, dass wir 30 bis 40 Prozent Fett zu viel essen. Tag für Tag. Fett ist unser größter Dickmacher. Immerhin enthält ein Gramm Fett sieben Kilokalorien, während ein Gramm Kohlenhydrate oder Eiweiß nur 4,2 Kilokalorien enthalten. Und da kommt schnell einiges zusammen: In einem Esslöffel Majonäse beispielsweise stecken allein 200 Kilokalorien, in 20 Gramm Nutella 105 Kilokalorien. Experten empfehlen, etwa 30 Prozent der aufgenommenen Kalorien in Form von Fett zu sich zu nehmen. Das sind bei einer Person, die 2100 Kilokalorien pro Tag verbraucht, etwa 80 Gramm Fett pro Tag. Und das kommt schnell zusammen. In der Regel nehmen wir zu viel gesättigte Fettsäuren zu uns, die vor allem in Wurst, Butter, Sahne, Schokolade, fettem Fleisch und fettem Käse stecken.

> Während der ersten vier Wochen sollten Sie vor allem darauf achten, die Menge an ungesunden Fetten zu reduzieren.

Versuchen Sie Lebensmittel mit einem hohen Anteil an gesättigten Fettsäuren zu ersetzen durch solche, die weniger gesättigte Fettsäuren beinhalten. Ersetzen Sie zum Beispiel Salami durch mageren Kochschinken, Vollmilch durch fettarme Milch, Nutella durch Konfitüre und Limonade durch Mineralwasser oder Apfelschorle. Allein dadurch können Sie Ihre Kalorienzufuhr erheblich reduzieren.

UNGESUNDE FETTE EINSPAREN:

- Streichen Sie die Butter nur dünn auf das Brötchen oder verwenden Sie stattdessen gleich fettarmen Frischkäse.
- Schneiden Sie den Fettrand vom Fleisch oder vom Schinken.
- Vergleichen Sie die Fettangaben auf verpackten Lebensmitteln.
- Je streichfähiger eine Wurst ist, umso fetter ist sie in der Regel auch. Teewurst, Leberwurst oder Steichmett haben einen hohen Fettgehalt. Besonders mager ist nur Geflügelwurst.
- Bei Milch- und Milchprodukten ist das Fettsparen einfach. Denn: Im Supermarkt hat man meist die Auswahl zwischen vollfetten (3,5 Prozent), fettarmen (1,5 Prozent) und mageren (0,2 Prozent) Produkten. Entscheiden Sie sich ab sofort für die mageren. Trinken Sie 1 Liter Magermilch statt Vollmilch, sparen Sie dabei allein 30 Gramm Fett. Trotzdem nehmen Sie alle wichtigen Nährstoffe zu sich, denn die gehen beim Entrahmen nicht verloren.
- Beim Käse vertut man sich beim Einschätzen des Fettgehaltes leicht, denn auf den Packungen ist das »Fett in der Trockenmasse« angegeben. Dieser Wert ist viel höher als der reale Fettgehalt. Um den realen Wert zu ermitteln, können Sie bei Schnitt- und Hartkäse etwa 40 Prozent, bei Weichkäse ungefähr 50 Prozent vom angegebenen Wert abziehen. 100 Gramm Gouda mit 50 Prozent Fett i. Tr. enthalten also ca. 30 Gramm Fett.

Der zweite Monat

Unser Ziel ist immer noch unseren Fettstoffwechsel zu erhöhen. Wir versuchen in diesem Monat unsere Walking-Zeit zu steigern. Einmal erhöhen wir die Zeit der Trainingseinheit von 30 bis sogar auf 50 Minuten und versuchen auch dann wieder häufiger in der Woche zu walken, also nicht nur zwei Mal, sondern drei Mal in Tritt zu kommen. Vielleicht haben Sie sich gewundert, dass wir schon im letzten Monat nach zwei Mal Walking in der Woche dann auf drei Mal erhöht haben, dann aber mit Verlängerung der Walkdauer auf 30 Minuten die Einheiten pro Woche wieder auf zwei Mal reduziert hatten. Das liegt an Folgendem: Ihre Gelenke, Bänder, Sehnen und Knochen müssen eine längere Belastungsdauer erst einmal verkraften. Deshalb geben Sie sich, wenn Sie die Walkingdauer erhöht haben auch einen Tag mehr Pause. Und wie Sie sehen, gehen wir ja dann die übernächste Woche schon wieder drei Mal die Woche los. Haben Sie allerdings das Gefühl, dass die höhere Belastung Ihren Bewegungsapparat tatsächlich merklich mehr belastet, dann bleiben Sie erst einmal bei den zwei Einheiten pro Woche und steigern erst, wenn Sie Ihre Knochen »im Griff« haben.

Der Doppelstockeinsatz findet immer vor dem Körper statt.

Ganz wichtig: der weite Ausschwung nach hinten mit aufgerichtetem Oberkörper

In diesem Monat erlernen Sie aber eine Variante des Nordic Walkings, die nicht nur Spaß macht, sondern auch die Koordination und weitere Muskelgruppen schult.

Der Doppelstockeinsatz

Der Doppelstockeinsatz hat mehrere deutliche Vorteile:

1. Er bietet sich besonders bei hügeligem Gelände an. In Bergaufphasen können Sie sich mit den Stöcken regelrecht den Berg hinaufkatapultieren und in steilen Bergabphasen stützen Sie sich an den Stöcken effektiv ab, sodass Sie die Knie und Hüften weniger belasten. Außerdem werden sowohl der Arm- als auch der Rumpfbereich intensiv gekräftigt.
2. Ganz wertvoll ist, dass Sie mit Hilfe des Doppelstockeinsatzes die Durchschwungphase der Arme und Stöcke nach hinten intensiv üben und im Gehirn abspeichern können. Diese Ausschwungphase der Stöcke nach hinten ist das körperaufrichtende Element und zur Entlastung des Schulter- und Nackenbereichs sehr wichtig. Zusätzlich schulen Sie Ihre Rhythmusfähigkeit (Dreier- oder Vierer-Rhythmus) und Koordination.
3. Auch wenn Sie leichte Verspannungen im Schulter- und Nackenbereich spüren sollten, wäre es hilfreich, wenn Sie diese Variante immer mal wieder einbauen.
4. Gleichzeitig ist der Doppelstockeinsatz auch bei anderen Nordic-Walking-Varianten der Stockeinsatz der Wahl.

Wie wird's gemacht?

Step 1: Stellen Sie ein Bein vor das andere. Beide Arme samt Stöcken sind hinter dem Körper.

IHR TRAININGSPROGRAMM FÜR DEN 2. MONAT

Häufigkeit	Dauer	Intensität	Aufwärmprogramm 10 Minuten	Abwärmprogramm 10 Minuten
1. Woche: 2 x pro Woche 2. Woche: 3 x pro Woche	40 Minuten ohne Pause Nordic Walking, davon 4 x 2 Min. Doppelstockeinsatz	Mit Ihrer individuellen Belastung (nach Alter, Ruhe-Herzfrequenz und Abschneiden beim Walk-Test)	1. Stempeln 2. Hochdruck 3. Side-Steps 4. Das Sieb schütteln 5. Swinging	1. Den Atem spüren 2. Atmen und Entspannen 3. Wadendehnung 4. Schienbeindehnung 5. Oberschenkeldehnung vorne 6. Oberschenkeldehnung hinten (s. S. 83)
3. Woche: 2 x pro Woche 4. Woche: 3 x pro Woche	50 Minuten ohne Pause Nordic Walking, davon 6 x 2 Min. Doppelstockeinsatz	s.o.	s.o.	s.o.

Step 2: Zusammen mit dem Abdruck des hinteren Fußes vom Boden holen Sie beide Stöcke nach vorne.
Step 3: In dem Moment, wo Sie den Fuß vorne aufsetzen, stechen Sie auch beide Stöcke rechts und links neben diesem vorderen Fuß ein.
Step 4: Jetzt üben Sie Zug und Druck auf die Stöcke aus und zusammen mit dem starken Abdruck vom Fußballen katapultieren Sie Ihren Körper quasi nach vorne oben. Gleichzeitig schwingen Arme und Stöcke weit nach hinten aus.

Sie können den Stockeinsatz variabel entweder im Dreier- oder Vierer-Rhythmus ausführen: In beiden Fällen wird auf Eins mit den Stöcken vorne eingestochen und gleichzeitig der erste Schritt gemacht. Auf entweder zwei oder drei Zeiten (= zwei bzw. drei weitere Schritte) werden die Stöcke dann nach hinten durch geschwungen, sodass auf Eins die Stöcke wieder zum Einstechen vorne bereit sind. Summen Sie doch beim Dreier-Rhythmus ruhig einmal einen Walzer mit, dann werden Sie schnell sehen, wie leicht Ihnen diese Koordination fallen wird.

Wann setzen Sie diese Technik ein?
In Ihrem Trainingsplan finden Sie die Angaben wie oft und wie lange Sie diese Technik einsetzen sollten. Nutzen Sie sie aber ruhig darüber hinaus vor allem bei Bergauf- und Bergabphasen. Falls Sie allerdings Rückenschmerzen haben sollten, ist der diagonale Stockeinsatz nützlicher für Sie.

> Ziel des zweiten Monats ist die Steigerung Ihrer Fettverbrennung, die allgemeine Ausdauer und die Verbesserung der Koordination.

Beachten Sie bei Ihrem Training jetzt folgende Punkte:
1. Die ersten beiden Wochen des 2. Monats versuchen Sie zwei Mal pro Woche jeweils 40 Minuten ohne Pause zu walken. Mit dem jeweils 10-minütigen Aufwärm- und Abwärmprogramm bedeutet das ür Sie einen Zeitaufwand von zwei Mal 60 Minuten.
2. Sie bleiben bei Ihrer gewohnten Trainingsherzfrequenz und versuchen diese auch weiterhin immer mal wieder während des Trainings zu überprüfen. Vielleicht merken Sie jetzt bereits, dass Sie das Training als gar nicht mehr so anstrengend empfinden wie vor vier Wochen.
3. Nutzen Sie den Doppelstockeinsatz, aber zwingen Sie sich nicht dazu. Wenn Sie dazu heute keine Lust haben, dann vielleicht beim nächsten Training.
4. Sollten Sie noch keine 40 Minuten ohne Pause walken können, dann unterteilen Sie die jeweils 40 Minuten in zwei x 20 Minuten, die Sie durch eine kleine Pause von ca. zwei Minuten langsamen Gehens unterbrechen.
5. Haben Sie den Eindruck, dass Sie viel mehr leisten könnten, dann versuchen Sie gleich mit den 50 Minuten-Belastungen der dritten Woche weiterzumachen.

Das Muskeltraining

Vor vier Wochen haben Sie mit den ersten Muskelübungen begonnen. Inzwischen hatten Muskeln, Bänder und Sehnen ausreichend Zeit, sich an die Belastung durch das sanfte Training anzupassen. Im zweiten Monat wird das Pensum gesteigert. Es kommen drei weitere Übungen hinzu, sodass Sie in diesem Monat pro Trainingstag insgesamt acht Übungen durchführen. Auch die Wiederholungszahl und die Anzahl der Durchgänge erhöht sich. Außerdem sollten Sie nun drei Mal pro Woche trainieren. Falls Sie sich fit genug fühlen, können Sie das Muskelprogramm im Anschluss an Ihre Nordic-Walking-Tour absolvieren. Falls nicht, machen Sie das Training einfach zu einem anderen Zeitpunkt, z.B. am gleichen Tag vormittags oder an einem der Pausentage zwischendurch. Trainieren Sie im Wohnzimmer auf einer Matte oder draußen.

> **Trainingsprogramm Muskeln für den 2. Monat**
> Trainieren Sie drei Mal pro Woche. Machen Sie die fünf bekannten Übungen und zusätzlich die drei neuen Übungen. Lassen Sie – wenn möglich – keine Übung aus. Wiederholen Sie jede Übung 15-mal. Machen Sie danach eine kurze Pause und lockern Sie Ihren Körper. Wiederholen Sie das Ganze noch zwei Mal.
>
> **3-mal pro Woche, 3 Durchgänge, 8 Übungen mit jeweils 15 Wiederholungen**

> **TIPP**
>
> **Afterburning lässt die Kalorien purzeln**
> Wussten Sie eigentlich, dass der Energieverbrauch nicht nur während des Sports höher ist als in Ruhe. Auch nach dem Sport bleibt der Energieverbrauch über mehrere Stunden erhöht. Je nach Intensität sogar bis zu zehn Stunden lang. Sie verbrennen also nicht nur während des Trainings mehr Kalorien, auch in der Zeit danach. Das hängt damit zusammen, dass der Stoffwechsel zusätzliche Energie braucht, um die Kohlenhydratdepots in den Muskeln wieder aufzufüllen und die entstandenen Abfallstoffprodukte abzubauen. Auch die Wärmeabgabe des Körpers bleibt über längere Zeit angekurbelt.

Die richtige Ausgangsposition

Bevor Sie mit den Muskelübungen beginnen, sollten Sie versuchen, Ihre Bauch- und Rückenmuskeln zu aktivieren. Das passiert, wenn Sie Ihren Bauchnabel nach innen in Richtung zur Wirbelsäule einziehen. Damit stellen Sie sicher, dass der Rumpf stabilisiert ist. Achten Sie darauf, dass Sie während der Übungen Ihre Schultern nicht angespannt nach oben bewegen. Die Schultern bleiben locker, die Schulterblätter werden bewusst etwas nach unten gezogen. Achten Sie darauf, dass Sie Ihren Kopf in Verlängerung der Wirbelsäule halten. Er sollte weder hängen noch verkrampft nach vorne geschoben werden. Für Anfänger ist es manchmal schwierig, auf alles gleichzeitig zu achten. Dann kann es hilfreich sein, vor einem großen Spiegel zu üben.

DIE DREI NEUEN MUSKELÜBUNGEN

Für die Oberschenkelinnenseite

1 Halten Sie einen Stock in der rechten Hand und stützen Sie sich darauf etwas ab. Sie stehen auf dem linken Bein, heben Sie das rechte Bein an – und bewegen es nach links – zwischen Stock und linkem Bein hindurch. Führen Sie auch hier die Bewegung nur so weit aus, wie der Oberkörper aufrecht bleiben kann und halten Sie während des gesamten Bewegungsablaufs den Muskel unter Spannung. Seitenwechsel.

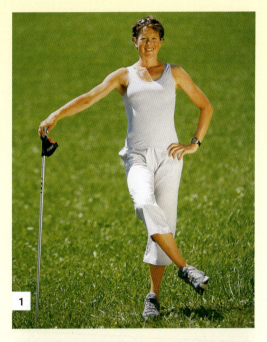

Für den Bauch

2 Um Ihren Bauch effektiv zu trainieren, müssen Sie auf den Boden gehen. Legen Sie sich auf den Rücken und stellen Sie beide Fersen auf. Legen Sie die Fingerspitzen beider Hände an den Hinterkopf und drücken Sie die Ellbogen nach hinten. Nun den Oberkörper langsam – gleichzeitig mit dem Ausatmen – anheben. Dann genauso langsam wieder senken, aber nicht ganz ablegen.

Für die Taille

3 In der Rückenlage die Beine so anheben, dass Ober- und Unterschenkel einen rechten Winkel bilden. Legen Sie beide Hände wieder an den Hinterkopf und drücken Sie die Ellbogen nach hinten. Jetzt mit dem oberen Rücken etwas hochkommen und dabei den rechten Ellbogen in Richtung des linken Knies führen. Dann den Oberkörper wieder senken, ohne jedoch den Boden zu berühren. Sofort wieder anheben, dieses Mal geht die linke Schulter zum rechten Knie. Immer im Wechsel.

Der dritte Monat

Das Nordic Walking-Programm für den dritten Monat

Wir erhöhen noch einmal unsere Trainingsdauer pro Einheit, jetzt auf 60 Minuten Dauerbelastung. Außerdem erlernen Sie jetzt eine neue Nordic-Walking-Variante: das Woggen.

Die Wogging-Variante mit Stöcken

Diese Art des Nordic Walkings ist eine Übergangsform zwischen Walken und Joggen. Die Stöcke werden hierbei mehr zum Stützen und Verlängern der Abdruckphase nach oben genutzt.

Wie wird's gemacht?
Beim Woggen ist die Schrittlänge viel kürzer als beim Nordic Walking. Es kommt zu einem intensiveren Fußballenabdruck nach oben als beim Nordic Walking. Ihr ganzer Körper schwingt fast senkrecht von unten nach oben. Der Fußaufsatz erfolgt nicht so steil auf der Ferse, sondern eher wie beim Joggen im Mittelfußbereich (nicht Vorfußbereich!). Die Stöcke werden kurz und prägnant eingesetzt und unterstützen die Tiefhochbewegung wie beim Rolltraben. Sie können diese Technik auch als ein ausgesprochen »schwingendes« Gehen bezeichnen, bei dem die Beinmuskulatur intensiver eingesetzt wird.

> Ziel des dritten Monats ist die weitere Steigerung Ihrer Fettverbrennung, der allgemeinen Ausdauer, der lokalen Muskelausdauer und Muskelkraft und die Verbesserung der Koordination.

Die Dehnung der Hüftbeugemuskulatur

Die Hüftbeuger haben es besonders nötig, neue Dehnreize kennen zu lernen.

- Stützen Sie sich seitlich auf den Stöcken ab und machen Sie einen möglichst großen Ausfallschritt. Dabei sollte das vordere Knie nicht über die Fußspitze hinausragen!

Woggen bedeutet: intensive Abrollbewegung gekoppelt mit einem intensiven Fußabdruck

IHR TRAININGSPROGRAMM FÜR DEN 3. MONAT

Häufigkeit	Dauer	Intensität	Aufwärmprogramm 10 Minuten	Abwärmprogramm 10 Minuten
1. Woche: 2 x pro Woche 2. Woche: 3 x pro Woche	60 Minuten ohne Pause Nordic Walking, davon 4 x 1 Min. Doppelstockeinsatz und 4 x 1 Min. Woggen	Mit Ihrer individuellen Belastung (nach Alter, Ruhe-Herzfrequenz und Abschneiden beim Walk-Test)	1. Stempeln 2. Hochdruck 3. Side-Steps 4. Das Sieb schütteln 5. Swinging	1. Den Atem spüren 2. Atmen und Entspannen 3. Wadendehnung 4. Schienbeindehnung 5. Oberschenkeldehnung vorne 6. Oberschenkeldehnung hinten 7. Hüftbeugerdehnung
3. Woche: 2 x pro Woche 4. Woche: 3 x pro Woche	60 Minuten ohne Pause Nordic Walking, davon 6 x 1 Min. Doppelstockeinsatz und 8 x 1 Min. Woggen	s.o.	s.o.	s.o.

- Schieben Sie die Hüfte des hinteren Beins in Richtung Boden nach vorne/unten, bis Sie die Dehnung im Leistenbereich deutlich spüren.
- Den Oberkörper lassen Sie dabei aufgerichtet, lehnen ihn vielleicht sogar ein wenig nach hinten.
- Um das Becken zu fixieren, spannen Sie jetzt die Gesäßmuskulatur maximal an und erhöhen so die Dehnung.
- Geben Sie jetzt ruhig etwas nach vorne/unten nach, sodass Sie das Becken fortwährend ein bisschen weiter nach vorne/unten Richtung Boden »federn«. Diese dynamische Dehnung ist äußerst effektiv und stranguliert auf Grund der Dynamik die Gefäße weniger. Atmen Sie zusammen mit der Dehnung aus.

So dehnen Sie Ihre Hüftbeugemuskulatur richtig.

Das Muskelprogramm

Im dritten Monat Ihres Bewegungs- und Ernährungsprogramms lernen Sie neue Übungen zur Kräftigung der Muskeln und zur Formung Ihres Körpers kennen. Diese Übungen werden Sie wahrscheinlich nicht mehr draußen durchführen können. Machen Sie die Übungen am besten auf einer Matte oder auch auf dem Teppich mit einem Handtuch als Unterlage. Vergessen Sie das Aufwärmen nicht (siehe Seite 57). Die Übungen sind nun anspruchsvoller und werden Sie mehr fordern. Aber es lohnt sich: Schon nach einigen Wochen werden Sie erste Erfolge sehen. Die Muskeln werden fester, die Körperkonturen schlanker. Bei Frauen wirkt sich das Training auch auf das Bindegewebe aus, es wird straffer. Dadurch wirkt auch die Haut gleich viel glatter und fester. Voraussetzung dafür ist allerdings, dass Sie regelmäßig aktiv sind und es auch auf Dauer bleiben. Unser Muskel-Workout ist maßgeschneidert und setzt direkt an den typischen Problemzonen an: Sie trainieren Bauch, Beine, Po, Rücken, Brust, Schultern und Arme. Damit das Muskeltraining Ihnen wirklich etwas bringt, müssen Sie Ihrem Körper überschwellige Reize anbieten. Das sind Belastungsreize, die Ihren Körper herausfordern, sich anzupassen. Dies erreichen Sie in der Regel dann, wenn Sie eine Belastung als »mittelschwer« bis »schwer« empfinden

Richtig atmen
Viele Menschen neigen dazu, gerade dann die Luft anzuhalten, wenn sie sie am nötigsten brauchen, nämlich bei großen Anstrengungen während des Krafttrainings. Das sollten Sie versuchen, zu verhindern. Denn durch die so genannte Pressatmung steigt der Druck im Brustinnenraum, die Blutgefäße werden komprimiert und in der Folge steigt der Blutdruck. Am besten ist es, während der Muskelübungen flüssig weiterzuatmen. Atmen Sie aus, wenn der Muskel angespannt wird, und wieder ein, wenn Sie sich entspannen.

Schwung vermeiden
Vermeiden Sie bei allen Übungen schwungvolle und dadurch unkontrollierte Bewegungen. Beim Krafttraining ist es besonders wichtig, dass Sie ruhig und langsam arbeiten. Außerdem sollten die Gelenke nie völlig durchgedrückt sein. Je schneller Sie eine Übung durchführen, umso größer ist das Risiko, den Gelenken dabei zu schaden.

Trainingsprogramm Muskeln für den 3. Monat

Trainieren Sie drei Mal pro Woche. Machen Sie die folgenden sechs Übungen. Lassen Sie – wenn möglich – keine Übung aus. Wiederholen Sie jede Übung 15-mal. Machen Sie danach eine kurze Pause und lockern Sie Ihren Körper aus. Wiederholen Sie das ganze noch zwei Mal.

3-mal pro Woche, 3 Durchgänge, 6 Übungen mit jeweils 15 Wiederholungen

NEUE MUSKELÜBUNGEN AB DEM 3. MONAT

Für Bauch und Rücken

1 Stellen Sie die Fußspitzen auf den Boden und legen Sie die Unterarme so auf den Boden, dass die Handflächen nach oben zeigen. Nun strecken Sie die Beine aus, Oberkörper und Beine sind auf einer Linie, auch der Po befindet sich auf Höhe des Rückens. Richten Sie den Blick zum Boden. Versuchen Sie diese Position 30 Sekunden lang zu halten. Atmen Sie weiter. Wiederholen Sie diese Übung zwei Mal.

Für die Taille

2 Legen Sie sich auf die linke Körperseite, die Beine lang ausstrecken. Den Kopf auf den linken Oberarm ablegen, die Hand an den Kopf nehmen, sodass der Ellbogen nach vorne zeigt. Stützen Sie sich mit der rechten Faust vor dem Körper ab. Aktivieren Sie die Bauchmuskeln und versuchen Sie, die Beine aus der Kraft der seitlichen Bauchmuskeln heraus anzuheben. Achten Sie darauf, dass Sie Ihre Beine in Verlängerung des Körpers anheben, nicht nach vorne heben.

Für den Rücken

3 Legen Sie sich auf den Bauch. Stellen Sie Ihre Fußspitzen auf, spannen Sie Ihren Po und heben Sie den Oberkörper etwas an. Lassen Sie Ihre Halswirbelsäule ganz lang und blicken Sie auf den Boden. Ziehen Sie die Schulterblätter tief nach unten und führen Sie sie gleichzeitig etwas an die Wirbelsäule heran. Die Fingerspitzen an den Hinterkopf legen, die Nasenspitze berührt die Matte. Nun heben Sie den Oberkörper etwas an – und langsam wieder senken.

NEUE MUSKELÜBUNGEN AB DEM 3. MONAT

Für die Oberschenkelvorderseite und den Po

1 Machen Sie mit dem linken Bein einen großen Ausfallschritt nach vorne. Die rechte Ferse vom Boden lösen und das rechte Bein etwas beugen. Auch das vordere Knie ist leicht gebeugt. Die Zehenspitzen beider Füße zeigen genau nach vorne. Nun das rechte Knie in Richtung zum Boden nach unten führen. 5 Zentimeter über dem Boden stoppen und ganz langsam wieder nach oben kommen. Achten Sie darauf, dass das linke Knie beim Runtergehen senkrecht über dem Mittelfuß steht. Es darf nicht über der Fußspitze stehen oder sogar darüber hinaus ragen, sonst schaden Sie Ihren Kniegelenken. Machen Sie die Übung genauso häufig auch auf der anderen Seite.

Für die Außenseite der Oberschenkel

2 Legen Sie sich auf die linke Seite, den Kopf auf dem Oberarm ablegen und die Hand zum Kopf ziehen und sich mit der rechten Faust vor dem Körper abstützen. Nun das linke Bein etwas beugen und das rechte Bein lang ausstrecken. Spannen Sie die Muskeln des rechten Oberschenkels an, heben Sie das rechte Bein langsam an und führen Sie es genauso langsam wieder zurück. Die Fußspitze zeigt während der gesamten Bewegung nach vorne. Nach drei Durchgängen Seitenwechsel.

Für den Po

3 Gehen Sie in den Unterarmstütz. Ziehen Sie den Bauchnabel in Richtung zur Wirbelsäule nach innen ein. Strecken Sie nun das rechte Bein lang nach hinten aus. Nun das Bein etwas nach oben anheben – und genauso langsam wieder absenken. Nach drei Durchgängen Seitenwechsel.

Trinken, trinken, trinken

Viel trinken ist wichtig, das ist nicht neu. Trotzdem wird die ausreichende Flüssigkeitszufuhr in der Hektik des Alltags oft vergessen. Das Problem: Man hat keinen Durst und ist das Nebenbei-Trinken nicht gewohnt. Doch es ist falsch, auf den Durst zu warten. Denn: Durst ist bereits ein Alarmsignal. Wenn er sich meldet, leidet der Körper bereits unter akutem Wassermangel. Und der beeinträchtigt sofort die körperliche und geistige Leistung. Das hängt damit zusammen, dass der Körper, im Gegensatz zu seinen großen Fettspeichern, nur über geringe Wasserreserven verfügt. Bei negativer Flüssigkeitsbilanz reagiert der Körper mit einer Art Notprogramm. Er schüttet Hormone aus, die dem Gehirn den Wassermangel signalisieren und das Gehirn leitet Sofortmaßnahmen ein: Die Schweißmenge wird minimiert, die Harnausscheidung reduziert, das Blut wird zähflüssiger und fließt wesentlich langsamer. Zellen und Organe werden nicht mehr ausreichend mit Sauerstoff und Nährstoffen versorgt. Es kommt zu Schwindel, Durchblutungsstörungen, Erbrechen oder Muskelkrämpfen.

Ein Erwachsener braucht täglich 25 bis 45 Milliliter Wasser pro Kilogramm Körpergewicht, um in Schwung zu bleiben. Bei einem Gewicht von 70 Kilogramm sind das also 1,7 bis 3 Liter Wasser am Tag. Davon sollten Sie mindestens 1,5 bis 2 Liter trinken, die restliche Flüssigkeit nehmen wir über das Essen auf. Viel Flüssigkeit steckt vor allem in Obst und Gemüse. Gute Flüssigkeitslieferanten sind Mineralwasser oder ungesüßte Früchte- oder Kräutertees. Sie haben keine Kalorien. Auf Limonade, Cola oder fertige Eistees sollten Sie besser verzichten. Sie enthalten viel Zucker. Auch Obst- und Gemüsesäfte lieber nur verdünnt trinken.

Wer über den Tag verteilt, immer wieder regelmäßig trinkt und damit den Magen bereits etwas füllt, kann seine Lust zu essen, besser kontrollieren und verhindert Heißhungerattacken. Sie haben es leichter, schlank zu bleiben. Während des Abnehmens ist es besonders wichtig, viel zu trinken. Denn: Beim Fettabbau müssen verstärkt Stoffwechselsubstanzen mit dem Urin ausgeschieden werden. Wer also weniger isst, muss mehr trinken.

Der vierte Monat

Die Hälfte ist geschafft! Wie steht es um Ihr Anstrengungsempfinden? Fühlen Sie sich nicht schon viel fitter als zu Anfang?

Die zweite Hälfte unseres Programms ist durch eine höhere Intensität gekennzeichnet. Jetzt wollen wir an noch mehr Kalorienumsatz heran. Unsere kleinen Kraftwerke im Muskel (die Mitochondrien) sollen vermehrt und wirksamer werden. Das führt nicht nur zu einer guten Energiebilanz durch einen erhöhten Kalorienverbrauch, sondern auch zu strafferen Umrissen. Und dazu verhilft uns unter anderem auch wieder die neue Nordic-Walking-Variante.

Die Side-Step-Variante mit Stöcken

Side Steps

Aerobic-Erfahrene unter Ihnen können sich unter *Side Steps* den so genannten *V-Step* vorstellen. Der Side Step bietet dadurch den großen Vorteil, dass die zur Stabilisation der Hüftgelenke so wichtige Muskelmanschette um das Hüftgelenk herum extrem trainiert wird. Falls Sie unter Hüftgelenkarthrosen bzw. -beschwerden leiden, sollten Sie den Side Step zu Anfang moderat nur mit Schrittbreite ausführen und auf keinen Fall springen.

Wie wird's gemacht?
Step 1: Zuerst lassen Sie die Stöcke hinter dem Körper schleifen.
Step 2: Die Betonung liegt auf der Schrittausführung: Der rechte Fuß setzt (relativ) weit nach rechts außen auf. Dabei zeigen Fußspitze **und** Knie in die gleiche Richtung nach rechts außen. Das Körpergewicht wird vollständig auf diesen Fuß gebracht. Der linke Fuß bleibt ohne Bodenkontakt in der Nähe des rechten Wadenbeins. Anschließend setzt der linke Fuß in Vorwärtsbewegung vorne links außen auf. Das Körpergewicht wechselt auf links. Insgesamt ist diese Bewegung absolut vergleichbar mit

Bei außengedrehtem Schritt nach rechts Stockeinsatz nach vorne

Beim Wechsel auf das andere Bein Stockausschwung nach hinten

IHR TRAININGSPROGRAMM FÜR DEN 4. MONAT

Häufigkeit	Dauer	Intensität	Aufwärmprogramm 10 Minuten	Abwärmprogramm 10 Minuten
1. Woche: 2 x pro Woche 2. Woche: 3 x pro Woche	60 Minuten ohne Pause Nordic Walking, davon 4 x 1 Min. Doppelstockeinsatz und 4 x 1 Min. Woggen und 4 x 1 Min. Side-Steps	Mit Ihrer individuellen Belastung (nach Alter, Ruhe-Herzfrequenz und Abschneiden beim Walk-Test)	1. Stempeln 2. Hochdruck 3. Side-Steps 4. Das Sieb schütteln 5. Swinging	1. Den Atem spüren 2. Atmen und Entspannen 3. Wadendehnung 4. Oberschenkeldehnung hinten 5. Hüftbeugerdehnung 6. Gesäßmuskeldehnung (s. S. 83)
3. Woche: 2 x pro Woche 4. Woche: 3 x pro Woche	60 Minuten ohne Pause Nordic Walking, davon 6 x 1 Min. Doppelstockeinsatz und 8 x 1 Min. Woggen und 8 x 1 Min. Side-Steps	s.o.	s.o.	s.o.

dem Skaten und koordinativ auch ähnlich anspruchsvoll.
Step 3: In einem dritten Schritt kommt der Stockeinsatz hinzu: Beginnt man – wie oben – mit dem rechten Bein nach rechts außen, dann werden beide Stöcke gleichzeitig (Doppelstockeinsatz) mit dem Aufsetzen des rechten Fußes vorne so in den Boden eingestochen, dass der rechte Fuß zwischen beiden Stöcken platziert ist. Jetzt üben Sie Druck und Zug mit den Stöcken aus und beenden zusammen mit dem Aufsetzen des linken Fußes die betonte *Schwungbewegung der Stöcke nach hinten*. Mit dem nächsten Schritt nach rechts außen leiten Sie den Schwung der Stöcke nach vorne ein.

Achtung! Falls Ihnen die Technik zu anstrengend ist oder Probleme an Knie, Hüften oder Rücken auftreten, machen Sie nur ganz kurze Side-Step-Intervalle (ca. 30 Sekunden lang) und halten Sie auch den Schritt seitwärts etwas kürzer. Lassen Sie zwischen den jeweiligen Side-Step-Phasen ausreichend Pause.

> Ziel des vierten Monats ist neben der Steigerung Ihrer Fettverbrennung, der allgemeinen Ausdauer, der lokalen Muskelausdauer und Muskelkraft und der Verbesserung der Koordination jetzt zunehmend die Erhöhung des Kalorienverbrauchs.

Das Muskeltraining mit dem Theraband

In diesem Monat kommen neue Übungen mit dem Theraband hinzu. Schwerpunktmäßig sind dies Übungen, die die Muskeln des Oberkörpers, also Arm-, Schulter- und Brustmuskeln sowie die Muskeln des oberen Rückens kräftigen. Dazu brauchen Sie ein Theraband, das es in jedem guten Sportfachgeschäft zu kaufen gibt. Dieses kleine Band, das in jede Handtasche passt, ist ein tolles Universalgerät, mit dem Sie wirkungsvoll alle Muskeln trainieren können – fast wie ein kleines Fitness-Studio. Dabei kostet es weniger als eine Kinokarte. Sie bekommen das Band in verschiedenen Stärken. Wählen Sie eines mit einem mittleren Widerstand.

Das richtige Handling

Es ist wichtig, das Band richtig in der Hand zu halten: Knicken Sie die Handgelenke weder nach oben noch nach unten ab, Hand und Unterarm bilden immer eine gerade Linie. Ihre Muskeln werden sowohl in der Phase trainiert, in der Sie das Band auseinander ziehen, als auch in der Phase, in der das Band wieder in die ursprüngliche Position zurückgeführt wird. Deshalb ist es wichtig darauf zu achten, dass Sie in der Endposition der Bewegung die Spannung nicht plötzlich aus dem Band herauslassen und es zurück»flutschen« lassen, sondern dass Sie die Spannung aus dem Band ganz langsam lösen.

Trainingsprogramm Muskeln für den 4. Monat

Trainieren Sie insgesamt vier Mal pro Woche. Machen Sie zwei Mal pro Woche das Muskeltraining des dritten Monats und zwei Mal das neue Programm mit dem Theraband. Dies sind insgesamt sechs Übungen. Lassen Sie – wenn möglich – keine Übung aus. Wiederholen Sie jede Übung 15-mal. Machen Sie danach eine kurze Pause und lockern Sie Ihren Körper. Wiederholen Sie das Ganze noch zwei Mal.

4-mal pro Woche: 2-mal Muskeltraining (siehe Monat 3), 2-mal Training mit dem Theraband. Jeweils 3 Durchgänge, 6 Übungen mit jeweils 15 Wiederholungen.

Theraband-Training macht Spaß und hält fit.

NEUE MUSKELÜBUNGEN AB DEM 4. MONAT

Für Brust und oberen Rücken

1 Stellen Sie sich aufrecht hin. Die Knie sind leicht gebeugt, Po und Bauch fest anspannen. Halten Sie das Band auf Brusthöhe vor dem Körper, die Ellbogen befinden sich auf Höhe der Schultern. Ziehen Sie das Band auseinander, dabei bewegen sich die Ellbogen nach hinten. Dann die Spannung ganz langsam lösen und dabei die Arme wieder nach vorne führen.

Für die Schultern

2 Stellen Sie sich mit dem linken Fuß auf das Ende des Bandes, um es zu fixieren. Das andere Ende des Bandes um die rechte Hand wickeln, sie liegt zunächst auf dem Bauch. Nun den rechten Arm langsam nach rechts oben und außen führen, schauen Sie der Hand nach. Dabei zeigt der Daumen nach hinten. Es ist wichtig, dass Sie den Rumpf und die Beine stabil halten und nicht mitdrehen. Genauso langsam wieder zurückgehen. Wiederholen Sie die Übung auch mit dem linken Arm, dabei steht der rechte Fuß auf dem Band.

Für die Oberarmrückseite

3 Greifen Sie das Band hinter dem Körper und fixieren Sie es auf Hüfthöhe mit der linken Hand. Der rechte Ellbogen ist gebeugt und zeigt senkrecht nach oben. Nun den rechten Arm gegen den Widerstand des Bandes nach oben strecken (aber nicht vollständig durchdrücken). Achten Sie darauf, dass das Handgelenk gerade bleibt. Langsam wieder in die Ausgangsposition zurückgehen. Nach drei Durchgängen mit 15 Wiederholungen den Arm wechseln.

NEUE MUSKELÜBUNGEN AB DEM 4. MONAT

Für den oberen Rücken

1 Sie stehen aufrecht mit leicht gebeugten Knien. Po und Bauch fest anspannen. Das Band mit beiden Händen über dem Kopf halten. Nun ziehen Sie das Band auseinander und bewegen es hinter den Kopf. Dabei die Ellbogen an der Körperseite tief ziehen. Langsam wieder zurückbewegen.

Für die Schultern

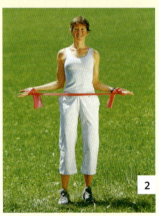

2 Stabil hinstellen. Die Enden des Bandes um die Hände wickeln. Beide Ellbogen eng am Körper fixieren. Ziehen Sie die Schultern tief und die Schulterblätter nach hinten unten. Bewegen Sie nun beide Unterarme nach außen (der Daumen zeigt ebenso nach außen), ohne die Ellbogen vom Körper zu lösen.

Für Po und Oberschenkelaußenseite

3 Knoten Sie das Band so, dass es eine etwa hüftbreite Schlaufe ergibt. Legen Sie es um die Fußgelenke und öffnen Sie die Füße, bis das Band etwas gespannt ist. Nun der Seitschritt: Setzen Sie den rechten Fuß nach rechts zur Seite, dann den linken Fuß an den rechten heransetzen. Dann geht der linke Fuß zur linken Seite und den rechten heransetzen. Immer im Wechsel. Machen Sie diese Übung etwa 30 Sekunden lang, dann eine kurze Pause machen, dabei auf der Stelle weitergehen. Es folgen noch zwei weitere Durchgänge à 30 Sekunden.

Stresskiller

Manchmal hat man tagsüber das Gefühl, ausgelaugt, schlapp und müde zu sein und sich zu nichts aufraffen zu können und schon gar nicht zu irgendwelchen sportlichen Aktivitäten. Abends dagegen taucht dann das Problem auf, entweder nicht einschlafen zu können oder immer wieder aufzuwachen. Sie geraten damit in eine »Energiefalle«. Wenn Sie abends nicht einschlafen können, kann das bedeuten, dass Sie mit dem Tagesgeschehen geistig noch zu sehr beschäftigt sind. Es kann aber auch bedeuten, dass Ihr Körper sich über den Tag hinweg zu wenig bewegt hat. Um ideal entspannen zu können, ist ein bestimmtes Pensum an vorausgegangener Spannung und Anstrengung einfach dringend nötig. Machen Sie sich klar, dass Sie am nächsten Tag umso leistungsfähiger sind, desto intensiver Sie abends zur Ruhe kommen. Ein schlechter Schlaf raubt Ihnen nämlich nicht nur Energie und Motivation, sondern entkräftet auch Ihr Immunsystem. Also gönnen Sie Körper, Gefühlen und Gedanken eine Pause.

Die folgenden »Cool-down-Tipps« gehören zu den effektivsten Stresskillern.

1. Machen Sie doch noch einen kleinen Abendspaziergang oder Cool-down-Walk, egal bei welchem Wetter! Das regelt die körperliche und geistige Spannung nach unten und nicht selten hat man dann noch ganz spontan einen Geistesblitz.
2. Besonders die Kombination von Outdoor-Aktivität und Indoor-Relaxen per Sauna oder entspannendem Melissenbad führt zu einer Stoffwechselsituation, die ein gutes Schlafklima schafft.
3. Um den Gedanken beruhigt beiseite zu legen, etwas Entscheidendes vergessen zu können, ist es sehr hilfreich, eine Checkliste für den nächsten Tag anzulegen. Das entlastet den Kopf und öffnet Schleusen für positive Gedanken.
4. Eine Kurzentspannung vor dem Einschlafen: Strecken Sie beide Beine und Arme aus und spannen Sie sie fest gegen die Matratze. Ziehen Sie zusätzlich den Bauch ein und die Gesäßmuskeln zusammen. Trotz der Ganzkörperspannung sollten Sie unbedingt normal weiteratmen. Zählen Sie auf Fünf und lassen Sie dann alle Spannung von sich abfallen.

Und wenn es dann doch einmal wieder so weit ist, dass Sie mitten in der Nacht aufwachen und nicht mehr einschlafen können, dann nutzen Sie die Zeit doch tatsächlich für Nützliches: Schreiben Sie den schon lang überfälligen Brief oder gehen Sie die Bügelwäsche an. Je weniger Sie sich über Ihren verlorenen Schlaf ärgern und sich im Gegenteil durch erledigte Dinge kleine Erfolgserlebnisse verschaffen, desto schneller und besser schlafen Sie auch wieder ein. Und am nächsten Tag haben Sie schon eine Menge geleistet, sodass Sie sich eine aktive Entspannungspause (zum Beispiel einen ausgedehnten Spaziergang) leisten können.

Der fünfte Monat

Das Nordic Walking-Programm für den fünften Monat

Ist Ihnen vielleicht aufgefallen, dass Sie dieselbe Strecke inzwischen schneller zurücklegen können, ohne dass Sie sich angestrengter fühlen als bisher? Das ist ein gutes Zeichen. Sie können mehr leisten, ohne mehr von Ihrem Herzen zu verlangen. Es kann sogar sein, dass sich auch Ihr Blutdruck etwas reguliert hat.

Die Pulsuhr ermöglicht Ihnen ein schnelles Ablesen Ihrer Herzfrequenz.

Dann können wir jetzt damit beginnen, die Beanspruchung bewusst über den Puls zu regulieren.
Nachdem wir bisher die Intensitäten mit Hilfe verschiedener Nordic-Walking-Techniken verändert haben, beschäftigen wir uns in diesem Monat mit dem Thema Intervalltraining. Wir kommen über ein solches Intervalltraining in einen höheren Kalorienverbrauch und »zünden« bewusst noch einmal unsere Muskelkraftwerke.
Denn: Je höher die Intensität, umso mehr Kalorien verbrennen Sie absolut. Um intensiver und dennoch nicht unvernünftig intensiv zu trainieren, möchten wir Ihnen jetzt eine Formel vorstellen, nach der Sie Ihre zukünftige individuelle Belastung berechnen. Messen Sie noch einmal Ihren Ruhepuls, der sich eventuell auf Grund des bisherigen Trainings nach unten reguliert haben kann. Anschließend berechnen Sie Ihren individuellen Belastungspuls nach folgenden zwei Formeln:

Formel 1 für die gemäßigte Intensität (65 % der maximalen Herzfrequenz)
    Für Männer : (220 − Alter − Ruhepuls)
    x 0,65 + Ruhepuls
    Für Frauen : (226 − Alter − Ruhepuls)
    x 0,65 + Ruhepuls

Formel 2 für die höhere Intensität (80 % der maximalen Herzfrequenz)
    Für Männer : (220 − Alter − Ruhepuls)
    x 0,8 + Ruhepuls
    Für Frauen : (226 − Alter − Ruhepuls)
    x 0,8 + Ruhepuls

IHR TRAININGSPROGRAMM FÜR DEN 5. MONAT

Häufigkeit	Dauer	Intensität	Aufwärmprogramm 10 Minuten	Abwärmprogramm 10 Minuten
1. Woche: 2 x pro Woche	60 Minuten ohne Pause Nordic Walking,	65 %	1. Stempeln 2. Hochdruck 3. Side-Steps	1. Den Atem spüren 2. Atmen und Entspannen
2. Woche: 3 x pro Woche	davon 6 x 1 Min.	80 %	4. Das Sieb schütteln 5. Swinging	3. Wadendehnung 4. Oberschenkeldehnung hinten 5. Hüftbeugerdehnung 6. Gesäßmuskeldehnung
3. Woche: 2 x pro Woche	60 Minuten ohne Pause Nordic Walking,	65 %	s.o.	s.o.
4. Woche: 3 x pro Woche	davon 6 x 1 Min. und 3 x 2 Min.	80 % 80 %		

Falls Ihnen das Berechnen des Pulses und vor allem die Pulskontrolle während des Walkens zu »unbequem« ist, dann können Sie sich auch nach Ihrem Atem richten: Sobald Sie sich nicht mehr unterhalten können und ins Schnaufen geraten, können Sie davon ausgehen, dass Sie sich intensiv belasten. Halten Sie sich trotzdem an unsere Zeitintervalle und übertreiben Sie es nicht!

Wie Sie jetzt mit dem Belastungspuls verfahren sollten
In der Tabelle werden Ihnen jetzt unterschiedliche Intensitäten angegeben. Wenn Sie sich sechs x eine Minute lang mit einer Intensität von 80 Prozent Ihrer maximalen Herzfrequenz belasten sollen, dann bedeutet das für Sie Folgendes:

• Walken Sie jetzt eine Minute lang so flott, dass Sie Ihren nach Formel 2 berechneten individuellen Belastungspuls erreichen.

• Danach walken Sie wieder in Ihrer gewohnten Belastung.
• Sie wiederholen dieses Intervall sechs Mal bzw. walken ab der dritten Woche zusätzlich zwei Minuten lang mit hoher Intensität und wiederholen dieses dann drei Mal.

> Ziel des fünften Monats ist neben der Steigerung Ihrer Fettverbrennung und der allgemeinen Ausdauer jetzt vor allem die Erhöhung des Kalorienverbrauchs.

Bevor Sie allerdings mit dem Intervalltraining beginnen, achten Sie zuerst einmal auf Ihre Tagesverfassung. Wenn Ihnen heute partout nicht zum Powern zu Mute ist, dann machen Sie Ihren Walk wie bisher. Also: So schön es ist, sich zwischendurch mal richtig »auszupowern«, so wichtig ist es, die individuell richtige Grenzbelastung herauszufinden.

Power-Training für die Muskeln

Jetzt geht's rund, beim Muskeltraining wird die Intensität noch einmal deutlich gesteigert. Auf den nächsten beiden Seiten lernen Sie sechs neue Power-Übungen kennen. In diesem Monat wiederholen Sie diese Übungen insgesamt 30-mal. Entscheiden Sie selbst, ob Sie dabei eine Pause brauchen oder nicht. Vielleicht werden Sie anfangs eine Pause benötigen, später nicht mehr. Denken Sie bei den Übungen 3, 5 und 6 auch an den Seitenwechsel.

> **Trainingsprogramm Muskeln für den 5. Monat**
>
> Trainieren Sie insgesamt fünf Mal pro Woche. Machen Sie drei Mal pro Woche das Power-Training für die Muskeln und zusätzlich zwei Mal pro Woche das Programm mit dem Theraband. Lassen Sie - wenn möglich - keine Übung aus. Wiederholen Sie jede Übung 30-mal.
>
> **5-mal pro Woche: 3-mal Power-Training für die Muskeln, 2-mal Training mit dem Theraband (siehe Monat 4). Jeweils 30 Wiederholungen.**

Wenn der Muskel brennt

Vielleicht werden Sie nun ein »Brennen« im Muskel spüren. Es beginnt ganz sanft, wird jedoch immer stärker. Vielleicht wird es auch so heftig, dass Sie das Training abbrechen müssen. Woher kommt dieses Brennen in den Muskeln? Je häufiger Sie eine Übung wiederholen, umso mehr Energie braucht der Muskel. Irgendwann reicht der vorhandene Sauerstoff nicht mehr aus und der Stoffwechsel muss auf eine andere Art der Energiebereitstellung umschalten. Dabei wird Milchsäure produziert, der Muskel übersäuert, brennt und irgendwann tut es richtig weh. Hinzu kommt, dass bei intensivem Krafttraining der Druck innerhalb des Muskels erheblich steigt. Dadurch werden zusätzlich die Blutgefäße abgedrückt und der Muskel bekommt weniger Sauerstoff. Beides kombiniert führt zwangsläufig dazu, dass Milchsäure produziert wird. Und je mehr sich davon im Muskel befindet, umso heftiger brennt er.

Prinzipiell ist das Brennen im Muskel weder schlimm noch gefährlich. Es ist ein Signal des Muskels, das anzeigt, dass kein Sauerstoff mehr zur Verfügung steht. Dennoch empfehlen Experten Freizeitsportlern, mit ihrem Training nicht bis an die absolute Grenze zu gehen. Es ist nicht nötig, so lange zu trainieren, bis das Brennen unerträglich wird. Brechen Sie eine Übung ab, wenn Sie das Gefühl haben, dass es zu stark wird. Lockern Sie den Muskel gründlich aus, dadurch kann wieder frischer Sauerstoff hineinfließen – und das Brennen hört sofort auf. Setzen Sie Ihr Übungsprogramm dann einfach an der Stelle fort, an der Sie aufgehört haben. Machen Sie aber immer wieder Pausen, wenn Sie das Gefühl haben, dass das Brennen zu stark wird.

NEUE MUSKELÜBUNGEN AB DEM 5. MONAT

Power-Übung 1: Für Bauch und Taille

1 Legen Sie sich auf den Rücken und spannen Sie Ihren Bauch fest an. Heben Sie den Oberkörper und ziehen Sie das linke Knie an den Bauch. Mit der rechten Hand die linke Ferse berühren und gleichzeitig den linken Arm weit nach hinten ausstrecken, etwa 5 Zentimeter über den Boden. Dann Seitenwechsel: Linke Hand geht zur rechten Ferse, linkes Bein und rechten Arm lang ausstrecken. Immer im Wechsel.

Power-Übung 2: Für den Bauch

2 Jetzt wird's anstrengend: Legen Sie sich auf den Rücken, die Fingerspitzen sind am Hinterkopf. Die Beine anheben und die Unterschenkel übereinander kreuzen. Nun den Bauch fest anspannen, indem Sie den Bauchnabel nach innen einziehen. Stellen Sie sich vor, Sie ziehen den Bauchnabel an die Wirbelsäule heran. Versuchen Sie nun aus der Kraft der Körpermitte heraus das Steißbein wenige Millimeter vom Boden anzuheben – und wieder ablegen.

Power-Übung 3: Für Taille und Oberschenkel außen

3a+3b Legen Sie sich auf die linke Körperseite, die Knie sind leicht gebeugt. Den Unterarm so aufstützen, dass die Handfläche nach oben zeigt. Die Hüfte anheben und den Bauch fest spannen. Nun das obere reche Bein anheben und gleichzeitig den rechten Arm nach oben ausstrecken. Nun das rechte Knie beugen und die rechte Hand an das Knie heranführen, mit der Hand gegen den Oberschenkel drücken, dann wieder strecken. Wiederholen Sie die Übung auch auf der anderen Körperseite.

NEUE MUSKELÜBUNGEN AB DEM 5. MONAT

Power-Übung 4: Für den Rücken

1 Legen Sie sich auf den Bauch, stellen Sie die Fußspitzen auf und spannen Sie Po und Bauch fest an. Nun den Oberkörper etwas anheben, dabei den Nacken lang lassen. Machen Sie ein leichtes Doppelkinn. Die Hände vor den Kopf führen und dort die Fingerspitzen fest gegeneinander drücken, dabei weiteratmen. Dann die Finger lösen und die Arme ganz langsam öffnen und an der Körperseite nach unten bewegen. Dann genauso langsam wieder vor den Kopf zurückführen, Fingerspitzen wieder gegeneinander drücken.

Power-Übung 5: Für die Innenseite der Oberschenkel

2 Für diese Übung brauchen Sie Ihr Theraband. Machen Sie einen Knoten in das Band, sodass eine etwa 25 Zentimeter lange Schlaufe entsteht. Wickeln Sie die Schlaufe um die Fußgelenke und legen Sie sich auf die rechte Seite. Den linken Fuß aufstellen und das rechte Bein gebeugt langsam anheben und langsam wieder senken. Seitenwechsel nicht vergessen!

Power-Übung 6: Für den Po

3 Übung mit Theraband: Das Band über Kreuz so anlegen, dass es links um das Fußgelenk und rechts um den Fuß selbst gewickelt ist. Gehen Sie dann in den Unterarmstütz, spannen Sie den Bauch und strecken Sie das rechte Bein aus. Winkeln Sie den rechten Unterschenkel an. Nun den Oberschenkel gegen den Widerstand des Bandes nach oben anheben. Nicht mit Schwung arbeiten, sondern aus der Kraft des Pomuskels heraus. Seitenwechsel.

Die Dehnung der hinteren Oberschenkelmuskulatur

nach hinten Richtung Becken ausüben, als wenn Sie das Bein zu sich herziehen wollten, intensivieren Sie die Dehnung.

Die Dehnung der Gesäßmuskulatur

Nach den Side-Steps bietet sich die Dehnung der Gesäßmuskulatur an. Stellen Sie beide Stöcke vorne auf und verankern Sie sie ganz sicher im Boden. Den rechten Fuß legen Sie auf dem linken Oberschenkel ab. Das linke Knie ist gebeugt, der Rücken ist ganz gerade. Schieben Sie den Po weit nach hinten. Spüren Sie die Dehnung in Po und Hüftaußenseite? Federn Sie ruhig ein wenig nach hinten/unten nach. Machen Sie die gleiche Übung auch mit links.

Die Dehnung der hinteren Oberschenkelmuskulatur

- Stützen Sie sich auf den Stöcken ab und stellen Sie den Fuß des zu dehnenden Beines am besten auf eine kleine Erhöhung.
- Jetzt versuchen Sie das höher abgestellte Bein vorsichtig im Kniegelenk zu strecken.
- Schieben Sie Ihr Gesäß nach hinten und beugen Sie das Hüftgelenk, bis eine Dehnung in der Oberschenkelrückseite spürbar wird; den Rücken dabei ganz gerade halten.
- Wenn Sie jetzt während der Dehnung die Ferse leicht auf die Erhöhung runterdrücken und gleichzeitig einen leichten Zug

Die Dehnung der Gesäßmuskulatur

Wer in Ruhe isst, bleibt dünner

Wer während einer Fünf-Minuten-Mittagspause das Essen herunterschlingt und das Frühstück schnell im Stehen isst, hat kaum eine Chance, schlank zu werden. Auf die Schnelle den knurrenden Magen besänftigen und in fünf Minuten reinschaufeln, was Fast Food Restaurant, Bäckerei oder Kühlschrank gerade hergeben – das macht unweigerlich dick. Machen Sie es sich deshalb zur Gewohnheit, in Ruhe und mit Genuss zu essen. Nehmen Sie sich genug Zeit und konzentrieren Sie sich auf das Essen. Ganz wichtig: Versuchen Sie, möglichst gar nicht vor dem Fernseher zu essen. Denn meistens merkt man dabei gar nicht, welche Mengen man bereits vertilgt hat.

Wer mit viel Zeit seine Mahlzeiten genießt, hat mehr davon und wird schneller satt. Denn: Die Rückmeldung vom Magen an das Sättigungszentrum im Gehirn dauert etwa 20 Minuten. Es dauert also ganz schön lange, bis sich nach dem Essen auch das wohlige Gefühl des Sattseins einstellt. Schnellesser haben in dieser Zeit schon drei Stück Kuchen oder zwei Hamburger verdrückt.

Der sechste Monat

Das Nordic-Walking-Programm für den sechsten Monat

Jetzt sind Sie es schon etwas gewohnt, auch mal höhere Intensitäten zu walken und etwas ins Schnaufen zu kommen. Ist es nicht hin und wieder sogar richtig befreiend, sich etwas auszupowern, an seine Grenzen zu gehen? Natürlich nur, wenn Ihre Gelenke, Sehnen und Bänder auch mitmachen! Ansonsten geben Sie ihnen noch etwas Zeit und lassen Sie es langsamer angehen. Die so genannten passiven Strukturen des Körpers, wie eben die Knochen, Sehnen und Bänder, sind diejenigen, die am längsten Anpassungszeit an eine neue Herausforderung brauchen. Während sich Ihr Herz und auch Ihre Muskeln schon einigermaßen auf die neue Belastung eingestellt haben, kann es trotzdem sein, dass sich Ihre Gelenke noch immer leicht melden nach dem Training. Dann ist es besonders wichtig, dass Sie sich immer einen Tag Pause zwischen den Trainingseinheiten gönnen. Sollten Sie allerdings Gelenk- oder auch

MACHT ABENDS ESSEN DICK?

Macht ein Schnitzel nach 20 Uhr dicker, als wenn es mittags verzehrt wird? Experten sagen: Nein! Denn – eine Kalorie ist eine Kalorie, egal, wann Sie zu sich genommen wird. Wichtig ist, was Sie essen und nicht, wann sie es essen. Schließlich wird in vielen Mittelmeerländern spät gegessen, ohne dass es Folgen für die Figur hat. Allein die Energiebilanz entscheidet über eine Gewichtszunahme.

Rückenschmerzen haben, die sich eher verstärken nach der Belastung und auch nach den inzwischen fünf Monaten nicht weniger, sondern eher mehr geworden sind, dann bitte gehen Sie zum Arzt und auch zu einem therapeutisch ausgebildeten DWI-Nordic Walking-Therapeuten, der sich Ihre Technik anschauen und ggf. korrigieren soll. Entsprechend ausgebildete Therapeuten finden Sie auf der Homepage des Deutschen Walking Instituts www.walking.de in einer speziellen Datenbank für DWI-zertifizierte Ärzte, Sportlehrer und Physiotherapeuten. Unter Ihrer Postleitzahl finden Sie dann DWI-Therapeuten in Ihrer Region.

Bergab die Stöcke weit hinter dem Körper einstechen

Im letzten Monat haben wir versucht, die Intensität dadurch zu erhöhen, dass Sie schneller gewalkt sind. In diesem Monat sollen Sie versuchen, die höheren Intensitäten nicht nur durch eine schnellere Gangart zu realisieren, sondern auch die verschiedenen Nordic-Walking-Varianten dazu einzusetzen: Doppelstockeinsatz, Woggen und Side-Steps. Eine dritte, sehr effektive Möglichkeit, die Intensität zu erhöhen, ist die über die Geländeform: Bei einer Steigung von nur 5 Prozent, können Sie den Energiemehrverbrauch um 60 Prozent steigern! Also, wenn Sie das Glück haben, in hügeligem Gelände zu wohnen und nicht gerade in Hamburg, dann nutzen Sie das ab sofort und suchen Sie sich Ihre Wegstrecken entsprechend aus. Achten Sie dabei darauf, dass Sie die Bergabphasen mit kürzeren Schritten und leicht nach außen rotierter Beinstellung (ähnlich wie Charlie Chaplin, nur wesentlich weniger extrem!) überwinden. Die Stöcke werden bei steilen Passagen hinter dem Körper eingestochen und der ganze Körper lehnt sich etwas bergwärts gegen die Stöcke. Dadurch schonen Sie Ihre Knie, Hüften und den Rücken.
In der Tabelle werden Ihnen jetzt wieder unterschiedliche Intensitäten angegeben. Versuchen Sie diese entsprechend den Angaben entweder mit einer höheren Walkgeschwindigkeit oder Bergaufphasen (dann ist nur die höhere Intensität angegeben) oder durch die entsprechende Nordic-Walking-Variante zu realisieren. Denken Sie bitte daran, dass Sie sich die letzten fünf

bis zehn Minuten Ihres Trainings ganz entspannt und locker bewegen und ggf. die Stöcke mittig fassen und locker mitschwingen. Das löst im Nacken- und Schulterbereich und ist die beste Vorbereitung für Ihr nächstes Training und steigert die Effektivität Ihres Programms.

Nehmen Sie am Ende der Trainingseinheit auch noch mal ganz bewusst Ihren Atem wahr. Atmen Sie tief und lange aus. Das Einatmen fällt viel kürzer aus. So tanken Sie jetzt schon wieder Sauerstoff, der Ihre Regeneration beschleunigt.

Bei allen Vorteilen, die eine Intensitätssteuerung bietet, ist das Wichtigste immer der Spaß an der Bewegung. Wenn Sie sich eher müde fühlen oder sogar Schmerzen haben oder sich während des Trainings plötzlich nicht mehr sicher und gut koordiniert bewegen können, dann ist die Trainingsintensität zu hoch. Mit vielen negativen Folgen: Das Verletzungsrisiko steigt, das Immunsystem macht schlapp, der Körper braucht extrem lange, um sich von der Überbeanspruchung wieder zu erholen.

> Ziel des sechsten Monats ist neben der Steigerung Ihrer Fettverbrennung, der allgemeinen Ausdauer und Ihrer Koordination jetzt noch einmal die Erhöhung des Kalorienverbrauchs.

IHR TRAININGSPROGRAMM FÜR DEN 6. MONAT

Häufigkeit	Dauer	Intensität	Aufwärmprogramm 10 Minuten	Abwärmprogramm 10 Minuten
1. Woche: 2 x pro Woche 2. Woche: 3 x pro Woche	60 Minuten ohne Pause Nordic Walking, davon 3 x 2 Min. und 4 x 1 Min. Doppelstockeinsatz und 8 x 1 Min. Woggen	65 % 80 %	1. Stempeln 2. Hochdruck 3. Side-Steps 4. Das Sieb schütteln 5. Swinging	1. Den Atem spüren 2. Atmen und Entspannen 3. Wadendehnung 4. Oberschenkeldehnung hinten 5. Hüftbeugerdehnung 6. Gesäßmuskeldehnung 7. Brustmuskeldehnung 8. Halsmuskeldehnung 9. Dehnung der Nackenmuskulatur
3. Woche: 2 x pro Woche 4. Woche: 3 x pro Woche	60 Minuten ohne Pause Nordic Walking, davon 3 x 2 Min. und 8 x 1 Min. Woggen und 4 x 1 Min. Side-Steps	65 % 80 % 80 %	s.o.	s.o.

NEUE DEHNÜBUNGEN AB DEM 6. MONAT

Zum Abschluss möchten wir Ihnen noch drei wichtige Dehnübungen für den Oberkörper vorstellen:

Eine Brustmuskeldehnung

1 Stellen Sie Ihre Stöcke weit geöffnet neben sich. Mit den Füßen gehen Sie so weit zurück, bis Arme und Rücken eine gerade Linie parallel zum Boden bilden. Schieben Sie nun das Brustbein tief in Richtung Boden nach unten und versuchen Sie in die Brust einzuatmen.

Eine Halsmuskeldehnung

2 Sie stehen aufrecht mit aufgerichtetem Brustbein. Greifen Sie einen Stock hinter dem Körper mit beiden Händen. Nun legen Sie den Kopf in Richtung zur rechten Schulter ab. Gleichzeitig zieht die rechte Hand den Stock vorsichtig nach rechts, sodass die Dehnung für die linke Halsmuskulatur noch etwas verstärkt wird. Dann wechseln Sie die Seite.

Eine Dehnung der Nackenmuskulatur

3 Legen Sie eine Hand an den Hinterkopf und die andere an die Halswirbelsäule, um Ihren Nacken ganz sanft in die Länge zu ziehen. Bewegen Sie den Kopf nun ganz wenig nach vorne und unten. Das Kinn bewegt sich Richtung Brustbein. Tut die Übung Ihnen gut? Dann können Sie die Dehnung verstärken, indem Sie den Hinterkopf noch etwas weiter nach vorne und unten ziehen.

Das Power-Training für die Muskeln wird noch intensiver

Das Power-Training für die Muskeln wird im 6. Monat weitergeführt und noch einmal intensiviert. Wir wiederholen nun jede Übung insgesamt 45-mal. Entscheiden Sie wieder selbst, ob und wenn ja, wann Sie eine Pause brauchen.

Mehr Selbstbewusstsein durch Muskeln?

Muskeltraining kann manchmal ganz schön anstrengend sein. Aber es lohnt sich. Nicht nur, weil mit der Zeit die Figur straffer und die Konturen schlanker werden. Auch, weil es uns hinterher so richtig gut geht. Spätestens unter der Dusche fühlen wir uns einfach gigantisch, so frei, so stark, so selbstbewusst.

> **Trainingsprogramm Muskeln für den 6. Monat**
> Trainieren Sie insgesamt fünf Mal pro Woche. Machen Sie vier Mal pro Woche das Power-Training für die Muskeln und zusätzlich ein Mal pro Woche das Programm mit dem Theraband. Lassen Sie – wenn möglich – keine Übung aus. Wiederholen Sie jede Übung insgesamt 45-mal. Denken Sie an eine Pause und entscheiden Sie, wann Sie eine Pause brauchen.
>
> **5-mal pro Woche: 3-mal Power-Training für die Muskeln (siehe Monat 5) 1-mal Training mit dem Theraband (siehe Monat 4). Jeweils 45 Wiederholungen mit einer Pause, wenn nötig.**

Sportwissenschaftler sind diesem »Feeling-Better-Phänomen« seit Jahren auf der Spur. Sie haben festgestellt, dass Men-

---

TIPPS FÜR EINEN BEWEGTEN UND GESUNDEN ALLTAG

- Suchen Sie sich jeden Tag ganz bewusst eine Treppe, die Sie hochgehen. Beobachten Sie dabei Ihren Atem und eventuell Ihren Puls.
- Sicher haben Sie öfter zu Hause oder im Büro zwischendurch mal einen Durchhänger. Sie fühlen sich schlapp und müde oder sind gestresst und sauer. Gehen Sie zum nächsten Fenster, reißen Sie es auf und atmen Sie mit geschlossenen Augen tief ein und noch tiefer aus. Na, geht's besser?

- Es ist »Ihre« Zeit, Sie bekommen Hunger und haben Appetit auf Ihr gewohntes Kaffeestückchen? Dann ist jetzt der Zeitpunkt für ein Glas Wasser oder eine Apfelsaftschorle gekommen. Füllen Sie den Magen, zeigen Sie ihm, dass Sie ihn wahrnehmen. Gleichzeitig lenken Sie sich jedoch ab, indem Sie ganz bewusst an etwas anderes denken. Die Folge: Bereits in kurzer Zeit ist das Hungergefühl fast verschwunden.

Muskeltraining macht selbstbewusst.

schen nach dem Fitnesstraining ihren Ärger weniger stark spüren. Sie fühlen sich energiegeladener und aktiver. Die Stimmung steigt, Ängstlichkeit, Traurigkeit und Depremiertheit sinken. Auch langfristig wirkt sich regelmäßiges Fitnesstraining positiv auf die Psyche der Menschen aus. Wer sich regelmäßig bewegt, fühlt sich ausgeglichener und kommt auch mit stressenden Situationen besser zurecht.

Womit begründen Wissenschaftler den Zusammenhang von Fitnesstraining und psychischer Stabilität? Dazu gibt es psychische und physiologische Erklärungsmodelle. Eindeutig nachgewiesen ist bisher keine der Theorien. Wahrscheinlich wirken jedoch sowohl psychische als auch körperliche Faktoren zusammen. Wer sich regelmäßig bewegt, fühlt sich fit und leistungsfähig. Das Wissen um die eigene Leistung verbunden mit dem Gefühl, Situationen meistern und das Wohlbefinden selbst beeinflussen zu können, macht innerlich stark und selbstbewusst.

Außerdem könnten auch Hormone das Zusammenspiel von Körper und Psyche positiv beeinflussen. Durch die verstärkte Produktion des Hormons Noradrenalin beim Ausdauersport zum Beispiel fühlt man sich gleich viel ausgeglichener und hat insgesamt mehr Energie. Andererseits verfügen fitte Menschen über weniger »Andock-Stellen« für das Stresshormon Adrenalin. Dadurch steigt die psychische Widerstandskraft und man schafft es besser, bei negativem Stress, Ärger oder Unsicherheit gelassen zu bleiben.

Sportler brauchen mehr Flüssigkeit

Wer Sport treibt, der schwitzt – und verliert dabei viel Flüssigkeit. 1 bis 1,5 Liter pro Stunde sind normal. Unter extremen Bedingungen, wie sehr starker Belastung bei großer Hitze und hoher Luftfeuchtigkeit, können es sogar bis zu 3 Liter sein. Diese Wasserverluste müssen rechtzeitig ausgeglichen werden, deshalb ist es wichtig beim Sport, rechtzeitig und ausreichend zu trinken. Die Grundregel heißt: niemals mit einem Flüssigkeitsdefizit den Sport beginnen. Trinken Sie deshalb 15 bis 30 Minuten vor dem Sport ein bis zwei große Gläser Wasser (0,3 bis 0,5 Liter). Wenn Sie maximal 45 Minuten lang aktiv sind, muss der zusätzliche Wasserverlust durch das Schwitzen nicht unbedingt während des Trainings ausgeglichen werden. Dann reicht es aus, wenn Sie nach dem Sport genug trinken. Dauert das Training jedoch länger, ist es wichtig, auch während des Sports zu trinken, um die körperliche Leistungsfähigkeit und die Konzentration zu erhalten. Machen Sie also immer wieder kurze Trinkpausen, trinken Sie schluckweise kleine Mengen. Pro Stunde Bewegung sollten Sie insgesamt auf etwa einen Liter kommen. Wenn Sie Ihren persönlichen Flüssigkeitsbedarf für eine spezielle sportliche Aktivität ganz genau ermitteln wollen, können Sie einen Test machen: Wiegen Sie sich vor und direkt nach dem Sport bei entleerter Blase. Während des Tests natürlich nicht trinken. Der Gewichtsverlust nach dem Sport (in Gramm) entspricht der Menge Flüssigkeit (in ml), die Sie in Zukunft durch Getränke ausgleichen müssen.

Je länger die Belastung dauert, desto wichtiger wird es, neben der Flüssigkeit auch Kohlenhydrate zuzuführen. Nach Angaben der Deutschen Gesellschaft für Ernährung brauchen Freizeitsportler jedoch keine speziellen Sportlergetränke. Es reicht aus, wenn Sie Mineralwasser mit Fruchtsaft mischen. Dabei hängt das Mischverhältnis

Nordic Walking ist ein guter Ausgleich zum Alltagsstress.

von der Dauer des Trainings ab. Bei einem einstündigen Training reicht ein kleiner Schuss Fruchtsaft im Mineralwasser aus. Dauert das Training zwei Stunden, mischen Sie Mineralwasser und Saft im Verhältnis 2 zu 1 und bei einem dreistündigen Training nehmen Sie von beidem etwa die Hälfte. Das stabilisiert die Blutzuckerkonzentration und gleicht die durch den Schweiß verlorenen Elektrolyte wieder aus.

Glück entsteht beim Tun

Kennen Sie das Wort »Flow«? Der ungarische Psychologieprofessor Mihaly Csikszentmihalyi untersuchte Maler, Tänzer und Leistungssportler, weil er beobachtete, dass diese völlig versunken und konzentriert, unabgelenkt durch Hunger, Durst und Müdigkeit, ihrer Arbeit nachgingen und sich dabei glücklich fühlten. So stellte er fest, dass Glücksgefühle meistens mit bestimmten Tätigkeiten verbunden sind. Sie selbst können etwas dazu beitragen, Ihre Glücksmomente, Ihr Flow-Potenzial zu erhöhen.
• Dazu gehört, sich Herausforderungen zu stellen: Versuchen Sie bei Ihren Tätigkeiten immer noch ein bisschen besser zu werden, zum Beispiel beim Sport, indem Sie es schaffen, ganz regelmäßig Sport zu treiben oder auch bestimmte Strecken schneller zurücklegen können.
• Setzen Sie sich klare und erreichbare Ziele: Schreiben Sie auf, wann Sie sich den neuen Badeanzug mit einer Konfektionsgröße kleiner kaufen wollen.
• Vertiefen Sie sich in eine Aufgabe: Bündeln sie Ihre Energie jetzt und hier für Ihr Training. Konzentrieren Sie sich auf Ihren Stockeinsatz und vertiefen Sie sich in die Harmonie der Bewegung, so kann Flow entstehen.
• Halten Sie die Situation unter Kontrolle: Sie kennen Ihr Ernährungsprogramm, Sie wissen sich zu verhalten, wenn Sie zum Essen eingeladen werden. Sie können die Einladung genießen und am nächsten Tag darauf reagieren.
• Sie kennen Ihre Schwächen, auf die Sie zu reagieren wissen und Ihre Stärken, auf die Sie aufbauen.

Eine wichtige Eigenschaft ist auch, sich für geleistete Arbeit, ein erreichtes Ziel, eine unter Kontrolle gehaltene Situation belohnen zu können! Tun Sie es gewissenhaft und verschieben Sie Ihre Belohnungen nicht. Die Flow-Forschung verspricht eine weitgehende Unabhängigkeit von gesellschaftlichen, sozialen und körperlichen Begrenzungen. Flow macht möglich, dass Körper, Geist und Emotionen so Hand in Hand arbeiten, dass Dinge möglich werden, über die man selber staunt.

So halten Sie Ihr Gewicht auf Dauer

Es lohnt sich für jeden, langfristig eine gesündere Ernährung und eine erhöhte körperliche Aktivität zu erreichen. Dabei muss es nicht unbedingt immer richtiger Sport sein. Schon ein bewusstes Mehr an Alltagsaktivitäten wie Treppensteigen, Gartenarbeit, Hundespaziergang und zur Post gehen, anstatt zu fahren, bringt einen zusätzlichen Kalorienverbrauch und beugt damit Fettpolstern und Krankheiten wie Bluthochdruck oder Diabetes Typ 2 vor, die auch durch Übergewicht verursacht werden. In einer amerikanischen Studie wurden zehn normalgewichtige und zehn leicht übergewichtige Menschen mit Sensoren am Körper ausgestattet. Diese zeichneten jede noch so kleine Bewegung rund um die Uhr auf. Alle Teilnehmer hatten Berufe, die sie zum Sitzen zwangen. Sie gingen während der zehntägigen Untersuchung ihren gewohnten Aufgaben nach, nahmen die Mahlzeiten jedoch in einer Klinik ein, sodass gleich große Portionen mit der exakt gleichen Kalorienzahl gewährleistet waren. Die Auswertung von insgesamt 150 Millionen Messdaten ergab, dass die schlankeren Menschen im Durchschnitt 150 Minuten am Tag länger in Bewegung waren als die etwas fülligeren. Dieses Bewegungs-Plus sorgte dafür, dass sie täglich 350 Kilokalorien mehr verbrannten. Wenn wir diesen Kalorienmehrverbrauch auf eine Woche hochrechnen, dann ergeben sich pro Woche 2450 Kilokalorien, die durch Alltagstätigkeiten mehr verbraucht wurden. Aus großen repräsentativen Studien wissen wir, dass ein zusätzlicher Kalorienverbrauch von 2000 Kilokalorien pro Woche das Herzinfarktrisiko um 50 Prozent reduziert. Bei 1000 Kilokalorien Mehrverbrauch reduziert sich dieses immerhin noch um ca. 20 Prozent. Also es lohnt sich, den Alltag bewegter zu gestalten! Und was noch hinzukommt: Es ist nie zu spät, mit mehr körperlicher Aktivität zu beginnen. Wer also jetzt anfängt, sich bewusst (auch im Alltag) mehr zu bewegen und auch im Herbst und Winter nicht damit aufhört, der wird im kommenden Frühling mit Genugtuung den fehlenden Winterspeck bemerken und den Strandspaziergang in Bikini oder Badehose nicht scheuen.

Wenn Sie nun Ihr 6-Monats-Nordic-Walking-Programm hinter sich gebracht haben, dann legen Sie nicht alles ad acta. Hatten Sie nicht auch Spaß am Nordic Walking? Dann halten Sie sich weiterhin in Ihrem Terminkalender mindestens zwei Zeiten pro Woche frei, an denen Sie sich Ihrem Sport widmen. Vielleicht möchten Sie sich auch einer Gruppe anschließen? Dann erkundigen Sie sich bei Ihren örtlichen Vereinen, die möglicherweise einen regelmäßigen Nordic-Walking-Treff anbieten. Auch auf der Homepage www.walking.de können Sie nach Walk-Treffs in Ihrer Region forschen.

Um das »erkämpfte« Gewicht auch zu halten, möchten wir Ihnen hier ein paar Tipps auf einen Blick zusammenfassen:

Zur Ernährung

1. Nur wer mehr Kalorien verbrennt, als er aufnimmt, verliert Gewicht. Verzichten Sie deshalb auf Kalorien, die weniger sättigen, also einen hohen glykämischen Index haben.

2. Finden Sie einen festen Essrhythmus. Dann können Sie das Naschen und Heißhungerattacken besser vermeiden.
3. Zwischenmahlzeiten für jeden Tag sind Obst, Gemüserohkost, Jogurt oder Quark (alles Magerstufe) verrührt mit Nüssen oder Kernen.
4. Trinken Sie häufiger: Kalziumreiches Mineralwasser, Fruchtsäfte im Verhältnis 1 : 2 mit Wasser gemixt oder Kräuter- und Früchtetees gemischt mit Säften.
5. Halten Sie den glykämischen Index durch richtige Kombinationen niedrig: zum Beispiel nur eine kleine Portion Reis, Nudeln oder Kartoffeln mit viel Gemüse und Salat zusammen essen. Dadurch wird das Sättigungsgefühl durch das große Nahrungsvolumen gesteigert und die Kohlenhydrate langsamer verwertet.
6. Sparen Sie bei überflüssigen Fetten, indem Sie beispielsweise Frischkäse (fünf Prozent Fett) anstatt Butter nutzen. Achten Sie aber auf eine ausreichende Zufuhr an essenziellen Fetten.
7. Fit- und Sattmacher wie Obst, Gemüse, Hülsenfrüchte und Vollkornprodukte sollten bei keiner Mahlzeit fehlen. Sie liefern Ihnen die Ballaststoffe und Aktivstoffe, die nicht dick machen und trotzdem sättigen.

Zur Aktivität

Seien Sie kreativ und suchen Sie sich für jede Phase Ihres alltäglichen Ablaufs ein Bewegungsritual:
• Morgens nach dem Aufstehen – recken, strecken, auf den Zehenspitzen wippen.
• Frühzeitiger zum Büro starten, um eine Haltestelle früher auszusteigen oder einen weiter weg gelegenen Parkplatz zu nutzen.
• Im Büro morgens – aufstehen beim Telefonieren, mit den Füßen wippen, die Treppe und nicht den Lift nutzen.
• In der Mittagspause – einen kleinen Spaziergang (»Walk«) machen und ein gesundes Sandwich dabei essen.
• Nachmittags im Büro – zwischendurch Atem- und Streckpausen am Fenster einlegen, mindestens ein Mal die Treppe nutzen oder den Kollegen nebenan besuchen, Akten schleppen.
• Am Spätnachmittag – Einkaufen mit Fahrrad, etwas Garten- oder Hausarbeit erledigen.
• Am Abend – auf die Fernbedienung verzichten und zum Umschalten aufstehen, zwei Mal pro Woche die »Walking-Schuhe« schnüren, zum Kino oder zur Kneipe gehen und nicht fahren.

Wir empfehlen Ihnen, sich idealerweise an zwei bis drei Tagen pro Woche für 30 bis 45 Minuten zu bewegen. Das kann flottes Gehen mit oder ohne Stöcken sein, wenn Sie sich sehr fit fühlen auch Joggen oder im Sommer schwimmen und Fahrradfahren. Im Winter ist der absolute Kalorienkiller das Skilanglaufen! Bewegen Sie sich so, dass Sie zwar ins Schwitzen kommen, aber dennoch nicht aus der Puste. »Walking and Talking« könnte Ihr neues Lebensmotto sein. Wir jedenfalls wünschen Ihnen viel Spaß und Erfolg dabei!

Petra Regelin
Petra Mommert-Jauch

Register

Abrollen	35 f.	Fettspeicher	13	Nahrungsüberfluss	11
Abwärmprogramm	52	Fettstoffwechsel	23, 24, 61		
Anti-Aging-Effekt	22	Fettverbrennung	55, 66, 73, 86	Oberschenkelmuskulatur	83
Armeinsatz	39	Fettzellen	13	Obst	93
Arthrose	22	Flüssigkeitsdefizit	89	Osteoporose	22
Atmen	68				
Aufwärmprogram	50				
Ausdauer	22, 55, 73, 86	Gemüse	93	Rückenschmerzen	22
		Gesäßmuskulatur	83	Ruhe-Herzfrequenz	54
		glykämischer Index	16, 93	Ruhepuls	78
Ballaststoffe	16	Glykogen	13	Rumpf-Dreh	38
Belastungspuls	78	Grundumsatz	13, 17, 46, 47		
Bindegewebe	27				
Blutzuckerspiegel	16			Schilddrüsenhormone	29
Body Mass Index (BMI)	12	Herzfrequenz, maximale	78	Schuhe	33
		Herzfrequenzbereich	54	Schwitzen	25
		Herz-Kreislauf-Erkrankungen	22	Side-Step	72, 85
Cellulite	22, 26 f.	Hormone	29, 89	Stöcke	32 f.
Cholesterin	15, 22	Hüftbeugemuskulatur	66	Stockeinsatz	39
Cool-down	77			Stocklänge	33
				Stress	29
		Immunsystem	22	Stresskiller	77
Dehnübungen	87	Insulin	16, 29		
Dehydroepiandrosteron		Intervalltraining	24, 79		
(DHEA)	28			Tagesziele	20
Diabetes	22			Theraband	74, 88
Diät	14	Kalorientabelle	48	Trinken	71, 89, 93
Doppelstockeinsatz	62, 85	Kalorienverbrauch	11, 24, 71, 86, 92		
		Kleidung	33	Übergewicht	12
Eiweiß	60	Knie	37 f.		
Energieaufnahme	46	Kohlenhydrate	13, 14, 15, 16, 23, 60, 90	Verletzungsprophylaxe	22
Energiebedarf	28			Vitamine	16
Energiebilanz	10 f., 46, 48, 71	Koordination	66, 73, 86		
Energiekiller	21	Körperfettanteil	12		
Energiestoffwechsel	13			Walk-Test	44
Energieträger	13	Leistungsumsatz	13, 46, 47	Wogging	66, 85
Energieverbrauch	46, 47				
Equipment	32 f.				
Essrhythmus	93			Zwischenmahlzeiten	93
Etappenziele	19	Mineralstoffe	16		
		Mineralwasser	90		
		Muskelausdauer	66, 73		
Fatburner	23	Muskelkraft	22, 66, 73		
Fettabbau	22	Muskelübungen	58 f., 64, 69 f., 75 f., 81 f.		
Fette	13, 14, 15, 17, 60, 93				
Fettsäuren	15, 23	Muskelverspannungen	22		

Die Autorinnen

Petra Regelin ist Diplom-Sportlehrerin, Journalistin und hauptberufliche Referentin für Freizeit- und Gesundheitssport des Deutschen Turner-Bundes. Sie konzipiert und leitet bundesweite Aus- und Fortbildungen im Fitness- und Gesundheitssport und berät Vereine und Verbände bei der Umsetzung neuer Entwicklungen und Inhalte. Sie verfügt über eine 20-jährige Unterrichtserfahrung im Gesundheitsressort. Als Entwicklerin neuer Fitness-Programme und als Autorin zahlreicher Bücher und Veröffentlichungen hat sie sich national und international einen Namen gemacht.

Dr. Petra Mommert-Jauch ist Gesundheitswissenschaftlerin, Lehrbeauftragte der Universitäten Karlsruhe und Konstanz sowie Leiterin des Deutschen Walking Instituts. Sie ist durch die Konzeption neuer Gesundheitsprogramme sowie als Aus- und Fortbildungsreferentin eine national und international bekannte Fachfrau.

Literatur

Bös, K./Opper, E./Mommert-Jauch, P.: Walking – you can do it. Meyer & Meyer, Aachen 2004

Bös, K./Tiemann, M./Brehm, W./Mommert-Jauch, P.: Walking und mehr – Schritt für Schritt zur besseren Fitness. Meyer & Meyer, Aachen 2003

Mommert-Jauch, P.: Körperwahrnehmung und Schmerzbewältigung im Alltag. Springer, Heidelberg 2000

Mommert-Jauch, P.: Das NordicWalking-Manual für Kursleiter. Meyer & Meyer, Aachen 2005

Mommert-Jauch, P./Regelin, P.: Nordic Walking-Programme für Frauen. BLV, München 2005

Regelin, P./Mommert-Jauch, P.: Nordic Walking – aber richtig! BLV, München 2004

Regelin, P.: Fit. Bodyforming. Workouts für eine straffe Figur. Gräfe und Unzer, München 2002

Regelin, P.: Stretching. Die besten Übungsprogramme. Gräfe und Unzer, München 2002

Regelin, P./Pitroff, U./Niemann, C.: Wellness. Die besten Ideen und Rezepte für eine Wohlfühl-Oase zu Hause. Gräfe und Unzer, München 2003

Slomka, G./Regelin, P.: Stretching – aber richtig! BLV, München 2005

Bibliographische Information der Deutschen Bibliothek

Die Deutsche Bibliothek verzeichnet diese Publikation in der Deutschen Nationalbibliographie; detaillierte bibliographische Daten sind im Internet über http://dnb.ddb.de abrufbar.

BLV Buchverlag GmbH & Co.KG
80797 München

© 2006 BLV Buchverlag GmbH & Co.KG, München

Umschlaggestaltung: Sabine Fuchs, fuchs_design, Ottobrunn
Umschlagfotos:
 Vorderseite: M. Sandkühler/Jump
 Rückseite: Michael Reusse

Lektorat: Maritta Kremmler, Dr. Christa Söhl (Rodenberg)
Herstellung: Angelika Tröger
Layoutkonzept Innenteil: fuchs_design, Ottobrunn
Layout und Satz: Uhl + Massopust GmbH, Aalen

Das Werk einschließlich aller seiner Teile ist urheberrechtlich geschützt. Jede Verwertung außerhalb der engen Grenzen des Urheberrechtsgesetzes ist ohne Zustimmung des Verlags unzulässig und strafbar. Das gilt insbesondere für Vervielfältigungen, Übersetzungen, Mikroverfilmungen und die Einspeicherung und Verarbeitung in elektronischen Systemen.

Bildnachweis:
Alle Fotos von Michael Reusse außer:
Digital Vision: S. 11, 14; Gonseth, A: S. 2/3, 31; Hart, Sammy: S. 10, 19, 21; Leki: S. 32 unten; Odlo: S. 7, 18, 57; Polar: S. 28; Stockfood: S. 15
Grafiken: Jörg Mair, Herrsching

Gedruckt auf chlorfrei gebleichtem Papier

Printed in Italy
ISBN-10: 3-8354-0009-6
ISBN-13: 978-3-8354-0009-2

Hinweis

Das vorliegende Buch wurde sorgfältig erarbeitet. Dennoch erfolgen alle Angaben ohne Gewähr. Weder Autorinnen noch Verlag können für eventuelle Nachteile oder Schäden, die aus den im Buch vorgestellten Informationen resultieren, eine Haftung übernehmen.

Für Fitness und Gesundheit

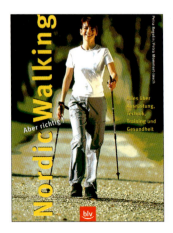

Petra Mommert-Jauch /
Petra Regelin
**Nordic Walking
Programme für Frauen**
Mega-Trend Nordic Walking – erstmals speziell auf die Ziele und Wünsche von Frauen abgestimmt: maßgeschneiderte Trainingsprogramme für Gesundheit, Gewichtsreduktion, Leistungssteigerung und Stressbewältigung.
ISBN 3-405-16924-0

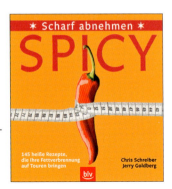

Petra Regelin /
Petra Mommert-Jauch
**Nordic Walking –
aber richtig!**
Die Wirkung auf Körper und Psyche, Ausrüstung, richtige Technik durch Körperwahrnehmung, Fehleranalyse; Training für die Gesundheit, zur Gewichtsreduktion, Leistungssteigerung, Entspannung und bei körperlichen Einschränkungen.
ISBN 3-405-16720-5

Celia Hawe
Schlank mit Yoga
Das Erfolgsprogramm – in nur 4 Wochen mit Yoga dauerhaft abnehmen: sanfte Yoga-Übungen, die den Körper in Balance bringen; Atemtechnik, Meditation, Entspannung; Ernährungsplan mit einfachen Rezepten.
ISBN 3-405-16831-7

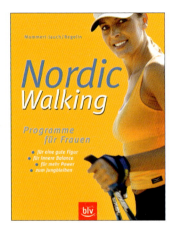

Uschi und Ronny Moriabadi
**Gut in Form –
Muskeltraining für Frauen**
Zu Hause trainieren – ganz einfach mit Alltagsgegenständen: Work-out für Rücken, Bauch, Beine und Po; Kurzprogramme gegen Stress, Rückenschmerzen, Zyklusbeschwerden, zum Abnehmen und für gute Laune.
ISBN 3-405-16792-2

Chris Schreiber / Jerry Goldberg
Spicy – Scharf abnehmen
Das clevere Prinzip: Fett weg durch die Energie der Gewürze; 10-Tage-Quick-Start: Ernährung umstellen auf »hot & spicy«; 145 heiße Rezepte von Snacks über Sattmacher-Salate bis zu Pasta, Fisch und Huhn.
ISBN 3-8354-0005-3

Joanna Hall
Get fit! Feel good!
Gesundheit und Wohlbefinden für Körper, Geist und Seele: effektive Übungen für jeden Fitness-Level und Tipps für mehr Bewegung im Alltag; mit Rezepten für Menüs und Snacks, die in Top-Form bringen. Motivation, Herz-Kreislauf-Training, Krafttraining, Beweglichkeitstraining, diverse Übungen für alle Lebensphansen, Tipps und Grundlagen für eine gesunde Ernährung u.v.m.
ISBN 3-405-16656-X

---

*Im BLV Buchverlag finden
Sie Bücher zu den Themen:* Garten und Zimmerpflanzen • Natur • Heimtiere • Jagd und Angeln • Pferde und Reiten • Sport und Fitness • Wandern und Alpinismus • Essen und Trinken

Ausführliche Informationen erhalten Sie bei:

BLV Buchverlag GmbH & Co. KG
Postfach 40 02 20 • 80702 München
Telefon 089 / 12705-0 • Fax -543 • www.blv.de